KB213366

부처의 인생 조언

일러두기

1. 불교의 법수는 가능한 한 아라비아 숫자로 기입하였다(예: 3독 · 4성제 등).

2. 경전은 《 》, 경전에 소단위인 품은 〈 〉로 표시했다.

3. 초기불교 경전(숫타니파타 · 법구경 · 아함부 · 유교경)에 나타난 '부처'는 역사적 실존 인물인 석가모니 부처님을 말한다.

4. 이 책의 불교 용어는 우리나라에서 오랫동안 쓰고 있는 것(산스크리트)으로 표기한다.

5. 대승불교 경전(금강경 · 유마경 · 법화경 · 사십이장경 등)에 나타난 '부처'는 실존 인물이 아니라 누구나 부처가 될 수 있다(成佛)라는 뜻의 보통 명사이다. 즉, 부처는 석가모니와 같은 위대한 성자의 롤모델 이미지라고 보면 된다.

6. '보살'이라는 호칭은 원래 석가모니 부처님이 성불하기 이전을 지칭한다. 그런데 대승불교도들이 대승불교를 일으키면서 스스로를 보살이라고 칭했다. 보살은 위로는 보리(깨달음)를 구하고, 아래로는 중생을 구제한다는 측면이다. 《금강경》, 《유마경》 등 대승불교 경전이 이 보살 사상을 내포하고 있다.

부처의 인생 조언

하루 5분으로
내면을 다스리고
마음의 평화를 부르는

정운 지음

"이 세상 모든 존재여, 행복하라!"

사람들은 '불교가 어렵다'라고 말한다. 이는 2,600여 년간 불교 학문이 광범위하게 발전되었으며, 수행적인 측면(自力)과 신앙적인 성향(他力)이 동시에 공존하기 때문이다.

불교를 역사적으로 크게 보면 초기불교와 대승불교이다. 석가모니 부처님이 살아계실 때를 포함해서 기원전 1세기까지를 초기불교라고 한다(부파불교 포함). 다시 기원전 1세기 무렵, 부파불교의 부족한 점을 비판하며 등장한 사상이 대승불교이다.

이 책에 소개한 경전 가운데 《숫타니파타》, 《법구경》, 아함부경전 등은 초기불교 경전이고, 《금강경》, 《유마경》, 《법화경》 등은 대승불교 경전이다. 우리나라는 예전에 대승불교와 선(禪)을 중심으로 발전했는데, 근자는 초기불교 학자는 말할 것도 없고, 위빠사나 수행자들이 매우 많아졌다.

한국 불교의 장자격인 조계종은 선종(禪宗)이다. 수·당대인 6~8세기에 번역된 불경을 중심으로 수많은 종파가 형성되었는데, 선종도 그중 하나이다. 선종에서 선사들이 배출되면서 등장한 것이 '어록'이다. 10세기 이후 모든 종파가 소멸된 반면, 선종만은 근자까지 유유히 발전해 왔다. 한국을 포함한 동아시아 불교는 경전과 더불어 어록을 중시하기에, 이 책에서는 우리나라 불교에서 유통되는 경전과 어록도 소개하려 한다.

필자는 어록 분야인 선사상 전공이지만, 20여 년 강의와 논문을 통해 경전을 중심으로 공부했다. 경전은 나의 스승이고, 영원한 멘토이다. 필자가 경전을 통해서 느끼는 기쁨을 독자들과 함께 나눴으면 하는 바람이다. 또, 부족한 필자에게 유노책주 가족들이 손을 내밀어 이 책이 세상에 나올 수 있었다. 참, 좋은 인연이다. 무궁한 발전 있기를 기원한다.

이 책을 접한 모든 존재가 부처님의 인생 조언에 희망찬 삶이 되기를 발원한다.

2025년 매화꽃 필 무렵
북악산 북촌불교문화원에서, 정운

• 차례

들어가는 말 "이 세상 모든 존재여, 행복하라!" 004

| 1장 |
인생은 원래 고통임을 인정하라
《숫타니파타》 009

| 2장 |
번뇌를 가라앉히는 진실을 찾다
《법구경》 065

| 3장 |
마음 속 탐욕에도 의연해져라
《아함경》 121

| 4장 |
집착을 내려놓으면 잔잔해진다
《금강경》 167

| 5장 |

삶의 매순간을 소중히 하라
《유교경》 191

| 6장 |

모든 것은 되돌아옴을 기억하라
《사십이장경》 205

| 7장 |

침묵이 우레와 같을 때가 있다
《유마경》 215

| 8장 |

인생의 해답은 내 안에 있다
《법화경》 243

부록 "내가 이미 네 마음을 편안케 했노라" · 어록   269

| 1장 |

인생은
원래 고통임을
인정하라

숫타니파타

"무소의 뿔처럼 홀로 가라"

《숫타니파타》는 어떤 경전인가?

　　《숫타니파타(Sutta-nipāta)》는 '부처님 말씀을 모아놓은 것'이라는 의미이다. 석가모니 부처님께서 교단을 형성하면서 최초로 말씀하신 내용을 담고 있다. 《법구경》, 아함부 경전 이전에 만들어진 경전이다. 《숫타니파타》에는 부처님 재세 시 인도 문화와 더불어 부처님의 체취와 진리가 생생히 담겨 있다. 경전에 담긴 내용을 보면, 출가자와 재가자 모두를 위한 진리가 설해져 있다. 해탈 열반을 향해 가는 마음가짐, 수행자로서의 자세나 수행 방법, 진실된 삶의 방식, 인생의 참다운 길, 윤리적 · 도덕적 · 교훈적인 가르침을 중심으로 구성되어 있다.

001
걱정은 집착에서 생겨난다

자식이 있으면 자식 때문에 근심이 생기고,

소가 있으면 소 때문에 걱정할 일이 생긴다.

곧 집착 때문에 근심·걱정이 생겨난다.

집착이 없는 사람에게는 근심·걱정도 생기지 않는다.

#34

○

《법구경》 #34에도 "자식이 있으면 자식 때문에 슬픈 일이 생기고, 소가 있으면 소 때문에 슬픈 일이 일어난다. 사람의 슬픔이란 의지하는 것에 의해 생기나니, 의지하는 것이 없는 사람은 슬픔도 없네"라는 게송이 있다. 물건이든 사람이든 소유하고 집착하는 만큼 고통과 고뇌가 동시에 발생하는 법이니 가능한 한 집착심을 내려놓으라는 말씀이다.

사랑하는 마음이 생겼을 때 기억할 것

사람을 만나기 시작하면 사랑과 그리움이 싹튼다.

이 사랑과 그리움은 연정으로 커지면서

괴로움이 발생한다.

결국 연정으로부터 발단되어

근심·걱정·불행이 시작된 셈이다.

저 광야에 외로이 걷는 무소의 뿔처럼 홀로 가라.

#36

○

"무소의 뿔처럼 홀로 가라"는 《숫타니파타》 곳곳에 실려 있을
뿐만 아니라 《법구경》에도 실려 있다. 《법구경》에는 "코끼리
가 유유히 숲속을 거닐 듯"이라고 언급되어 있다.

003
누구와 인연을 맺을 것인가

우리들은 친구를 통해 행복을 얻기도 한다.

자신보다 뛰어나거나 비슷한 친구를 가까이 하라.

그런데 혹 이런 친구를 만나지 못했으면,

저 광야에 외로이 걷는 무소의 뿔처럼 홀로 가라.

#47

○

불교에서는 친구라는 말보다 '길벗'이라고 하여 '도반(道伴)'이라고 부른다. 서로 탁마하고, 격려하는 친구를 말하는데, 선·후배를 떠나 둘이 함께 나란히 걷는다는 동행(同行)의 의미이다. "창승부기 미치천리(蒼蠅附驥尾致千里)"라는 말이 있다. 쇠파리도 천리마 꼬리에 붙으면 천리를 간다는 말이다. 사람이 살면서 누구를 만나느냐에 따라 인생이 바뀐다. 불교 수행자도 그렇지만, 세상 사람의 삶도 마찬가지다. 누구와 인연을 맺느냐에 따라 삶의 질이 달라진다는 걸 명심하자.

부처의 인생 조언

004
만족할 줄 아는 마음을 키워라

세상을 살면서 다른 사람을 해치려 하지 말라.

그 어떤 상황이든 자신에게 주어진 현실에 만족하고,

온갖 고난을 이겨 내라.

두려워하지 말라.

저 광야에 외로이 걷는 무소의 뿔처럼 홀로 가라.

#42

○

"주어진 현실에 만족"이라는 말은 승려들이 탁발할 때 보시자가 어떤 것을 주든 받아야 한다는 사실을 가리킨다. 승려가 "이것 달라, 저것 달라"라며 선택할 수 있는 것이 아니기 때문이다. 환경이나 상황에 따라 다를 수 있겠지만, 일반 사람의 삶도 마찬가지다. 주어진 현실에 불평과 불만만 늘어놓으면 본인과 주변 모두 힘들다. 어느 정도가 되면 만족하려는 노력도 필요한 법이다.

005

타인이 들어갈 자리를 만들라

두 사람이 함께 있으면 반드시 다툼이 일어나고,

서로 잔소리를 하게 된다.

사람과 사람 사이에 당연히 다툼이 일어나기 마련이다.

저 광야에서 외로이 걷는 무소의 뿔처럼 홀로 가라.

#49

○

왜 두 사람이 함께 있으면 다툼이 일어날까? 그것은 자신 속에
아애(我愛)가 꽉 차 있기 때문이다. 그대의 맘속에 타인이 쉴
곳을 만들라.

부처의 인생 조언

006
최상의 삶이란 무엇인가

최고의 목적에 도달하기 위해 노력 정진하되

마음의 안일을 구하기 위해 요령 피우지 말라.

게으르지 말라. 열정적으로 행동하라.

체력과 지력을 갖추어라.

저 광야에서 고고하게 걷는 무소의 뿔처럼 홀로 가라.

#68

○

'최고의 목적'이란 불교에서 해탈·열반 경지를 말한다. 그러
나 보통 사람의 삶에서는 인생에 성취코자 하는 직업·취미 등
을 최고의 목적이라고 본다. 무엇이든 그냥 주어지지 않으니
노력해야 한다.

007
그물에 걸리지 않는 바람같이

큰 소리에 놀라지 않는 사자와 같이

그물에 걸리지 않는 바람같이

더러운 진흙탕 물에 젖지 않는 연꽃처럼 …

저 광야에 고고히 걷는 무소의 뿔처럼 홀로 가라.

#71

○

집착하지 않고 자유로운 마음을 말한다. 이 사상이 대승불교
에 와서는 무주심(無住心)으로 발전되었다. 이 게송은 많은
이로부터 사랑받는 게송이다.

부처의 인생 조언

008
진짜 우정을 찾는다면

사람들은 자신에게 이익이 되는지 안 되는지를 따져
친구를 사귀고 돕는다.
이해관계를 떠나 우정이 싹트기 쉽지 않다.
이런 인간의 본성을 염두에 두어라.
저 광야에 외로이 걷는 무소의 뿔처럼 홀로 가라.

#75

009
혼자만 잘살면 뭐하는가 1

재산이 많아 풍족하게 살면서도
늙은 부모를 돌보지 않는다면,
이는 파멸의 문에 들어간 사람이다.

#98

귀금속과 재산을 많이 가지고 있으면서
홀로 부귀영화를 누린다면
이는 파멸의 문에 들어간 사람이다.

#102

○

고대 이집트 속담에, 사람이 죽어서 영혼이 하늘에 올라가면
신이 두 가지 질문을 한다는 이야기가 있다. 하나는 "인생에서
기쁨을 찾았는가?"이고, 다른 하나는 "당신의 인생이 다른 사
람들을 기쁘게 해 주었는가?"이다. 두 질문에 답이 모두 나와
야 천국으로 갈지, 지옥으로 갈지 결정된다고 한다.

혼자만 잘살면 뭐하는가 2

가문은 뽐내고 자랑하면서

자기 가문 사람들을 멸시하고 도와주지 않는다면

이는 파멸의 문에 들어간 사람이다.

#104

○

인도에서는 가문을 중시했다. 또한, 우리나라에는 아이가 태어나면 그 집안의 가족은 물론이요, 온 마을 사람이 키우던 시절이 있었다. 농경 중심이던 시절에 해당하는 말이지만, 지금도 틀린 말은 아니다. 한 젊은이의 성공 뒤에 그의 부모·친척의 은덕이 없었다면 이루어질 수 없을 것이다.

011
화가 자주 난다면

화를 잘 내고, 사람에게 원한을 품으며,
자기를 뽐내고, 남의 미덕을 덮어 버리는 그릇된 사람!
바로 그런 사람을 '천한 사람'이라고 한다.

#116

○

석가모니 부처님은 2,600여 년 전 분인데도, 게송 내용처럼 고
대에도 인간은 늘 어리석었다. 부처님께서는 '마음 바꾸는 법
(대치법, 代置法)'을 가르치셨다. 즉, 화를 잘 내는 사람에게는
'자애(慈愛) 명상'을 권장했고, 어리석은 사람에게는 '모든 것
이 연관되어 있다'라는 인연법을 염두에 두고 명상하라고 권
했으며, 교만과 아첨이 심한 자에게는 '마음을 고요하게 해서
집착하지 말라'라고 하셨다.

012
이해와 공감이 중요한 이유

어떤 형태로든 이 세상에 존재하는
생명을 함부로 하거나
상대에 대한 이해나 동정심이 없는 사람!
바로 그런 사람을 '천한 사람'이라고 한다.

#117

○
여기서 동정심이 없는 사람이란 공감이 없는 사람이라는 말과
같다.

013
어떤 이유로도 남에게 해 끼치지 말라

몇 푼도 되지 않는 금전을 탐내서
사람을 살해하거나 물건을 약탈하는 사람!
바로 그런 사람을 '천한 사람'이라고 한다.

#121

부처의 인생 조언

014

나쁜 짓은 숨길 수 없다

나쁜 행동을 밥 먹듯이 하면서

자신의 악행이 밖으로

드러나지 않기를 바라며 숨기는 사람!

바로 그런 사람을 '천한 사람'이라고 한다.

#127

○

부처님께서는 "자신이 지은 나쁜 짓한 악업(惡業, karma)은
바닷속이나 깊은 숲속 그 어디에도 숨길 수 없다"라고 하셨다.
언젠가는 반드시 드러나는 것이다. 자신의 악행은 쉬쉬하고,
남의 흠이나 단점은 까발리는 사람이 이 게송에 해당한다.

015
받고 싶은 대로 주라 1

남의 집에 갔을 때

집주인으로부터 융숭한 대접을 바라면서,

정작 상대편이 손님으로 자기 집에 왔을 때에

소홀하게 대접하는 사람,

바로 그런 사람을 '천한 사람'이라고 한다.

#128

○

미국의 심리학자인 윌리엄 제임스는 가장 강렬한 인간의 욕구로 '인정받고 싶은 갈망(craving to be appreciated)'을 꼽았다. 그런데 문제는, 자신은 타인으로부터 대접받기를 원하면서 다른 사람을 존중하고 대접하는 배려심이 부족하다는 점이다. 내가 받고 싶은 대로 타인에게 베풀어 보자.

016

받고 싶은 대로 주라 2

욕심이 많고,

인색하며,

덕(德)도 없으면서 타인들로부터 존경받으려 하고,

부끄러움이 없는 사람,

바로 그런 사람을 '천한 사람'이라고 한다.

#133

겸손함을 기억하라

자기는 높이 칭찬하고,

남은 과소평가하며,

스스로의 교만에 빠져 잘난 척하는 사람,

바로 그런 사람을 '천한 사람'이라고 한다.

#132

○

욕심이 많으면 당연히 남에게 인색하다. 인색하고 욕심이 많으니 덕을 심지 않게 된다. 경제적으로든 정신적으로든 많이 베풀어야 한다. 베풀어야 사람들로부터 존경받는다. 베푸는 가문치고 흥하지 않는 집안은 없다는 것을 기억하자.

018
출신 대신 업적으로 평가하라

사람은

출신에 의해 천한 사람이 되는 것이 아니며,

출신에 의해 귀한 사람이 되는 것도 아니다.

행위에 의해 천한 사람이 되기도 하고,

행위에 의해 귀한 사람이 되기도 한다.

#142

○

인도에는 카스트(Caste, 四姓) 제도가 있다. 즉, 가문(혈통)으로 사람을 차별한다. 브라만들은 업과 윤회 사상을 토대로 그들의 계급을 정당화했으며, 하층 계급이 숙명처럼 받아들이도록 했다. 계급은 브라만·왕족·서민·천민·불가촉천민(不可觸賤民)으로 나뉘는데, 부처님께서는 태어난 가문보다 살아가면서 어떤 행동을 했느냐를 두고 고귀한 사람인지 천박한 사람인지 평가받아야 한다고 말씀한 것이다.

019

살아 있는 것은 모두 행복하라

사람들로부터 비난받을 만한 천박한 행동을 삼가라.

살아 있는 모든 존재여!

행복하라, 안온하라, 안락하여라.

#145

○

법정 스님은 열반에 앞서 제자들에게 이런 유언을 하셨다. 화
장하고 나면 유골을 송광사 불일암 꽃밭에 뿌려 달라는 것이
다. 생전에 꽃들이 당신에게 좋은 모습을 보여 주었으니, 당신
도 꽃들에게 갚아야 한다는 지론이다.

020
믿음 · 덕행 · 진실 · 지혜

어떤 사람이 물었다.

"사람이 살아가는 데 가장 '으뜸가는 재산'은 무엇인가? 선행(善行)을 실천하면 어떤 '안락함'이 보답으로 오는가? 세상에서 가장 '맛있는 것'이 무엇인가? 그리고 '어떻게 사는 것'이 최상의 행복인가?"

#181

부처님이 말씀하셨다.

"이 세상에서 으뜸가는 재산은 '믿음(신뢰)'이다. '덕행(德行)'이 두터우면, 삶을 안락하게 살 수 있다. 사람 사이에 '진실함'이 맛 가운데 가장 최상이다. '지혜롭게 사는 것'이 최상의 생활이다."

#182

○

#181은 신자의 질문이고, #182는 부처님의 답변이다.

021
적당히 사는 것의 미덕

과로할 만큼 일하지 말라.

참을성 있게 노력하는 사람이 재물을 얻는다.

어떤 일이든 진심을 다하면 명예가 드러나고,

어떤 사람에게든 베풂으로써 인연을 지속해야 한다.

#187

○

현대인에게는 번아웃(burnout)이 많다. 적당히 일해야 하는
데, 과로할 만큼 힘들게 살아서 그렇다. 만사를 적당히 살자.

부처의 인생 조언

022
삶이 흔들리지 않으려면

홀로 지내면서 게으름 피우지 않는 수행자!

칭찬과 비난, 어떤 경계에도 흔들리지 않는 성자!

또 남에게 끌려가지 않고, 오히려 남을 이끄는 사람!

바로 그런 사람을 '성자'라고 한다.

#213

○

초기불교 경전에도 여덟 가지를 언급하면서 어떤 경우에도 동요하지 말라고 하였다. 대승불교, 특히 중국의 선사들도 이 점을 자주 언급하면서 "8풍(八風)에 동요되지 말라"라고 한다. 8풍이란 네 가지 좋은 일과 네 가지 나쁜 일이다. 이(利)는 자신에게 이로운 것, 쇠(衰)는 자신에게 불리한 것, 훼(毀)는 남으로부터 나쁜 평판을 듣는 것, 예(譽)는 남으로부터 좋은 평판을 듣거나 명예로운 일을 겪는 것, 칭(稱)은 남으로부터 칭찬받는 것, 기(譏)는 남으로부터 속임을 당하거나 비판받는 것, 고(苦)는 고통스런 일을 당하는 것, 락(樂)은 즐거운 일이다.

살면서 절대 하지 말아야 하는 일 1

살아 있는 생명을 때리고 죽이는 것,

훔치고 거짓말하는 것, 사기 치고 남을 속이는 것,

그릇된 것을 배우는 것, 남의 아내와 가까이 하는 것.

그런 일이 비린 것이지, 육식(肉食)이 비린 것이 아니다.

#242

○

위 게송 내용을 재정리하면, '5계'를 말하고 있다. 승려나 신자
모두 다섯 가지 계율을 꼭 지켜야 한다. 첫째, 살생하지 않는
다. 둘째, 내 물건이 아닌 것을 소유하지 않는다. 셋째, 배우자
가 아닌 사람과 사음하지 않는다. 넷째, 거짓말을 하거나 사기
치지 않는다. 다섯째, 지나친 음주나 마약 등을 금한다. 위의
다섯 가지는 종교를 떠나 인간의 도덕 규범이라고 생각한다.

부처의 인생 조언

024
살면서 절대 하지 말아야 하는 일 2

난폭하고 잔인하며, 친구를 험담하고 배신하는 것,

오만과 편견이 심하며, 인색해서 베풀지 않는 것.

그런 행위가 비린 것이지, 육식이 비린 것이 아니다.

#244

025
친구로 사귀지 말아야 하는 사람

부끄러움도 느끼지 않고
'나는 그대의 친한 친구다'라고 떠들고 다니면서,
정작 친구가 어려운 일에 처했을 때
도와주지 않는 사람!
혹 그런 벗이 있다면, 절대 그를 가까이 하지 말라.

#253

친구에게 허풍을 떨면서 말만 늘어놓고
실천하지 않는 사람!
혹 그런 벗이 있다면, 절대 그를 가까이 하지 말라.

#254

부처의 인생 조언

026
참고 견뎌 보아라

자신이 원하는 결과를 바란다면
인간으로서 짊어져야 할 삶의 무게를 받아들여라.
참고 견디며 살다보면
마침내 기쁜 일이 생기고,
남으로부터 칭찬받으며, 안락이 찾아온다.

#256

○
불교에서는 우리가 사는 이 사바세계를 '감인(堪忍)세계'라고
한다. 참고 견디면서 살아야 한다는 뜻이다. 삶이 내 원하는
대로 되는 일이 어디 있겠는가? 살다 보면 다 살아진다.

027
더할 나위 없는 행복을 바란다면

한 재가 신자가 부처님께 이런 질문을 하였다.

"하늘에 사는 신들과 사람들은 행복을 바라고, 그 행복을 갈망합니다. 고타마여! 최상의 행복이란 무엇입니까?"

#258

부처님께서 답변하셨다.

"어리석은 사람을 멀리 하고, 현명한 사람을 가까이 하며, 훌륭한 선지식을 존경하는 것, 이것이 더할 나위 없는 행복이다. 자기 분수에 알맞은 곳에 살며, 일찍부터 공덕을 쌓고, 스스로 바른 서원을 갖고 실천하며 노력하는 것, 이것이 더할 나위 없는 행복이다.

부모를 섬기고, 부인과 자식을 사랑하고 아끼는 것, 이것이 더할 나위 없는 행복이다. 형편에 따라 남을 도우며 올바르게 사는 것, 더불어 친족들을 아끼고 보호하며, 비난받을 만한 행동을 하지 않는 것, 이것이 더할 나위 없는 행복이다.

존경하고 감사할 줄 아는 것, 적은 것에도 만족하는 것, 진리의 가르침을 듣는 것, 이보다 더 좋은 행복은 없다. 삶의 고난에 인욕하고, 온순하며, 수행자를 만나는 것, 선지식의 설법에 귀 기울여 듣고자 하는 것, 이것이 더할 나위 없는 행복이다.

수행, 청정한 행위, 진리에 대한 갈구와 법열(法悅), 이것이 더할 나위 없는 행복이다. 세상에 시끄러운 일이 발생해 세상사에 뒤섞일 때, 어느 경계(좋은 일이나 나쁜 일)에도 흔들리지 않고, 평온을 유지하는 것, 이것이 더할 나위 없는 행복이다.”

#259~268

○
#258은 신자가 부처님께 행복에 대해서 질문한 것이고, #259~268은 부처님의 답변이다. ‘고타마’는 석가모니 부처님의 출가 전 성씨이다. 초기불교 경전에서는 부처님을 이렇게 성씨로 부르는 경우가 많다.

탐욕과 증오는 어디서 오는가

탐욕과 증오는 어디로부터 생기는가?
좋고 싫다는 것, 그리고 두려움도
어디로부터 생기는가?
철부지 아이들이 까마귀를 괴롭히듯
사람의 마음을 괴롭히는 불신은
어디로부터 비롯되는가?

#270

탐욕과 증오는 자신으로부터 생긴다.
좋고 싫다는 것, 그리고 두려움도
모두 자신으로부터 비롯된다.
철부지 아이들이 까마귀를 괴롭히듯
마음을 괴롭히는 것은 자기 자신이다.
이런 것들은 모두 욕망으로부터 생겨나
나무의 새싹처럼 그 자신 속에서 자란다.

이런 것이 모든 욕망과 연결되어 있다.

마치 넝쿨나무가 사방팔방으로 뻗어 나가는 것과 같다.

#271~272

○

#270은 수킬로마 야차의 질문이고, #271~272가 부처님의 답변이다. 인간은 두려움·비굴함·자괴감·낮은 자존감 등 스스로 만들어 낸 죄의식으로 자승자박하는 경우가 많은데, 이는 자기 생각이 만든 고통에 의해 자신이 고통받는 셈이다. 내가 일으키지 않으면, 번뇌는 절대 없다.

한번 일으킨 욕망은 또 다른 욕망을 부르고, 어떤 욕망이든 그 하나로 끝나지 않는다. 넝쿨처럼 사방팔방 뻗어 계속 욕망을 불리는 것이 인간이다. 흔히 열 개 가진 사람이 한 개 가진 사람의 것을 빼앗는다고 하듯, 욕망은 커지면 커졌지 작아지는 법은 없다. 그러니 이를 제어할 수 있는 것은 본인의 의지뿐이다. 남 탓하지 말라.

무소유를 실천하라

부처님께서 말씀하셨다.

"라후라야! 함께 살고 있는 선지식을 혹 경멸하지 않느냐? 이 세상의 모든 선지식과 수행자들을 예배하고 존경하고 있느냐?"

라후라가 답변하였다.

"아버지! 함께 사는 선지식을 멸시하지 않습니다. 늘 그들을 존경하고 있습니다."

"진실한 사람들과 가까이하고, 마을에서 조금 떨어진 곳에 살아라. 조용하고 평화로운 그런 곳에 머물러라. 그리고 음식을 알맞게 양을 조절해 절제하라. 의복과 음식, 병을 치료할 약물 등 이런 것들에 지나치게 욕심내지 말라. 다시는 세상에 돌아가려고 하지 말라.

모든 세상은 덧없이 변한다는 것(제행무상, 諸行無常)을 마음에 새겨라. 마음속에 똬리를 틀고 있는 자만심(아상, 我

相)을 버려라. 자만심이 무너지면, 아들아! 그때는 평온하
게 세상을 살아라."

#335~342

○

게송 #335~342는 부처님께서 아들 라후라에게 하신 말씀이
다. 부처님께서 성불하신 뒤 1년 만에 고향 카필라성을 방문한
다. 이때 부인이었던 야쇼다라는 아들 라후라를 부처님께 인사
보냈는데, 부처님은 내친 김에 라후라를 출가시켰다. 7세의 어
린 동자가 자기보다 나이 많은 어른들과 살았으니 무슨 수행
이 잘 되었을까? 라후라 동자는 심심풀이로 거짓말을 일삼았
다. 제자들이 찾아와서 부처님 계신 곳을 물으면 동쪽에 계시
는데도 서쪽에 계신다는 등 재미삼아 거짓말을 했다. 부처님
께서 어린 동자를 걱정하며 꾸지람한 내용이다.

또한 욕심내지 말라는 말씀의 요지는 이러하다. 승려는 공양
을 받을 때 반드시 요긴한 것만을 받아야 한다. 이를 '4사공양
(四事供養)'이라고 하는데, 스님들에게 요긴하게 필요한 가사
(의복), 공양(음식), 니사단(좌선 시 쓰는 방석), 의약 네 가지
를 말한다. 부처님께서는 이 네 가지조차 욕심 부리지 않는 무
소유를 강조하신다.

030
항상 말을 조심하라

거칠게 말하며, 남을 괴롭히기를 좋아하는 사람!

이런 사람의 삶은 개·돼지 등 축생과 다를 바 없다.

그의 삶은 죄악으로 가득 차 있다.

세월이 갈수록 악업의 과보만 늘어날 것이요,

그 자신의 죄업만 늘어난다.

#275

○

"말 한마디로 천 냥 빚을 갚는다"라는 말이 있다. 입 하나로 좋
은 업을 짓기도 하지만, 자칫 잘못하면 악업을 짓는다. 말로
상대를 괴롭히면서 악업을 짓는다면, 상대가 받는 상처는 물
론이거니와 그 악업의 과보는 고스란히 자신이 받는다.

부처의 인생 조언

031
익은 과일이 떨어지는 걸 누가 막겠는가

익은 과일은 반드시 땅으로 떨어지게 되어 있다.
이처럼 생명 있는 자는 반드시 죽게 되어 있다.
이 세상 모든 존재는 늘 죽음의 두려움이 있다.

#576

○
《법구경》이나 《숫타니파타》에는 죽음 이야기가 많다. 부처님
시대나 현 초기불교 국가(태국, 미얀마 등)에서는 승려들이 죽
음을 주제로 하는 명상이 많다. '4보호 명상'에도 죽음을 관하
는 명상이 있다. 게송의 본 의미를 '죽음도 생로병사 가운데 하
나이지만, 무상한 삶이므로 인생을 열심히 살라'라는 절박한
뜻으로 받아들여 보자.

032
잘 나갈 때 겸손하라

사람들이 그대를 존경한다고
우쭐대거나 자만하지 말고,
비난을 받는다고 해도
그 상대에 보복하려고 앙심을 품지 말라.
한편 남에게 훌륭한 대접을 받을지라도
조금도 교만심을 내어서는 안 된다.

#366

○

한마디로 잘 나갈 때 주변에 겸손하라는 부처님 말씀이다. 교
만심과 자만심을 불교에서는 '아상'(42~43쪽 참고)이라고 한
다. 불교에서는 아상을 내려놓는 것만으로도 수행이 완성된
것이라고 볼 정도이다.

033
원망하는 마음이 생긴다면

부처님께서 사람들에게 말씀하셨다.

"사람들과 대화할 경우에 쓸데없는 말을 삼가라. 자신이나 상대방에 도움되는 주제로 건전한 대화를 나누어라. 남을 헐뜯는 말은 가능하면 삼가라. 누군가로부터 비방이나 비난의 말을 들으면, 곧잘 화를 내는 사람이 있다. 이에 현명하지 못하고 옹졸한 사람은 칭찬받지 못한다는 점을 명심하라. 혹 사방에서 비방·비난의 올가미가 옥죄어 올 수도 있다. 어떤 비난을 받더라도 자신의 그릇됨을 먼저 살펴라. 논쟁에 휘말려 마음의 평온을 뺏기지 말라."

#389~390

○

부처님께서는 수행 이외의 말을 삼가라고 하셨다. 즉, 성묵(聖默, 신성한 침묵)과 법담(法談, 진리를 논하는 것)의 실천을 말한다. 살며 어떤 일이 생기든 모두 자신으로부터 시작한다. 특히 안 좋은 일이 발생하면 내 덕이 부족해서라고 생각하라. 그러면 원망하는 일이 줄고, 마음도 편안해진다.

인생에 행복보다 비극을 주는 것

살아 있는 것을 죽여서는 안 된다.

또한 사람을 시켜서 죽여서도 안 되며,

다른 사람이 죽이는 것을 묵인해도 안 된다.

상대가 자신보다 강자이든 약자이든

절대 살아 있는 모든 존재에 폭력을 쓰지 말라.

그대에게 어느 누군가 주지 않는 것은

그 어떤 것이든 취하지 말라.

또는 어느 장소에서든 자신의 것이 아니면,

물건을 가지려 하지 말라.

또한 다른 사람을 시켜서 갖게 해서도 안 되고,

다른 사람이 훔치는 것을 보고 묵인해도 안 된다.

둘이 있을 때나 여럿이 함께 살 때도

어느 누구에게도 거짓말이나 허튼 말을 삼가라.

또는 다른 사람을 시켜 거짓말을 하게 해서도 안 되며,

다른 사람이 거짓말하는 것을 묵인해도 안 된다.

아무리 현명한 사람이라도

술에 취하면 실수를 하게 되어 있다.

절대 자신을 잃을 만큼 술 마시지 말라.

또한 다른 사람이 술에 취하도록 해서도 안 된다.

술로 인해 큰 실수를 하면,

인생을 돌이키지 못한 일이 발생할 수 있다.

#394~399

○

불자로서 지켜야 할 5계(34쪽 참고) 중 불살생(不殺生), 불투
도(不偸盜), 불망어(不妄語), 불음주(不飮酒)에 해당한다. 특
히 현대에 들어 자동차 등이 발전하면서 술은 음주운전 등 심
각한 사건을 부르고 있다. 사람을 사망케 하거나 장애인이 되
게 할 수도 있고, 본인 인생도 패가망신한다.

035
우주 전체가 내 집이 된다

누군가 부처님께 물었다.

"지혜로운 자는 왜 출가를 하는가? 왜 무슨 마음으로 미련을 떨치고 집을 나왔는가?"

"집에서 사는 것은 집착의 연속이요, 먼지만 쌓인다. 집착으로부터 벗어나면 우주 전체가 내 집이 된다. 이를 궁구코자 '집 없는 구도자'의 길을 선택해 출가한다."

#405~406

빔비사라왕이 싯달타 왕자가 출가해 고행하고 있는 것을 알고, 보살(석가모니불)을 찾아와 이렇게 말한다.

"그대가 누구인지를 잘 알고 있소. 그대는 왕족으로, 이제 막 인생 문턱에 들어선 젊은이입니다. 내가 그대에게 군대 총사령관 관직을 주고 재물을 줄 테이니, 출가를 포기하고 다시 세속으로 돌아오는 것이 어떻소?"

보살이 대답하였다.

"대왕이여, 제가 부귀영화를 버리고 출가한 것은 욕망을 채우려는 뜻이 아닙니다. 탐욕이란 반드시 불행한 일이 따르는 법입니다. 나는 마음의 평온을 얻기 위해 출가했고, 더욱 정진하려고 합니다."

#419~424

O

게송 #405~424까지는 석가모니 부처님의 출가 이야기다. 이 게송들은 석가모니 부처님이 황족으로서 행복을 포기하고 출가한 연유를 알 수 있는 내용이다. 당시 고대 인도는 마가다국이 최대 강대국이었다. 마다가국의 왕이었던 빔비사라왕은 카필라족의 싯달타(어린 시절 부처님 이름)를 존경했다. 그래서 출가를 포기하고 자신을 도와 달라고 하였다. 이 때문에 집으로 돌아가면 부처님의 나라인 카필라국이 강대국이 될 수 있도록 도와주겠다고 한 것이다. 부처님은 그런 말에 유혹되지 않고 수행을 계속하였고, 깨달음을 통해 인류의 위대한 성자가 되신 것이다.

036
어떻게 사는지가 가장 중요하다

부처님께서 말씀하셨다.

그 사람이 어느 계급 출신인지를 묻지 말고,

그 사람의 행위로 평가하라.

불(火)이 장작(木)에서 생겨나는 것처럼,

아무리 천한 출신일지라도 진리에 대한 믿음이 있고,

부끄러워할 줄 안다면

그런 사람은 매우 고귀한 사람이다.

#462

세상에 사는 동안, 이름과 성은 하나의 명칭에 불과하다.

사람이 태어난 그때 임시로 붙여진 것이다.

이렇게 임시로 이름이 붙여졌다는 것을 모르는 사람은

잘못된 편견을 가지고 있는 것이다.

어리석은 이는 태생에 의해 바라문이 된다고 생각한다.

그러나 사람은 출생으로 바라문이 되는 것도 아니요,

출생으로 천민이 되는 것도 아니다.

행위(업)에 의해서 바라문이 되기도 하고,

행위에 의해 천민이 되기도 한다.

#648~650

○

인도는 고대부터 현대까지도 계급 문제가 심각하다. 때문에
초기불교 경전인 《숫타니파타》나 《법구경》에는 인권 존중이
나 생명 존중에 관한 내용이 많다. 여기서 '행위'란 수행도 되
고, 인격 완성을 위한 실천을 뜻하기도 한다.

인격이 완성된 이는 누구인가

나(석가모니 부처님)는 바라문 종족으로 태어났다고 해서
바라문이라고 하지 않는다.
모든 것을 내려놓아 집착 없는 사람을
바라문이라고 한다.
어떤 속박에도 얽매이지 않고 두려워하지 않으며,
인생을 당당하게 바라보는 사람을
바라문이라고 부른다.

#620~621

화가 나는 일에도 자신을 제어해 분노심을 품지 않고,
몸가짐과 행동을 조심하며,
계율을 잘 지키고 욕심내지 말라.
수행을 잘해서 해탈·성불한 자를
바라문이라고 한다.

#624

이 세상의 선과 악을 모두 버리고,

그 어느 것에 치우쳐 집착하거나 근심하지 않으며,

번뇌에 스며들지 않는 자를

바라문이라고 부른다.

#636

○

보통 '바라문'은 인도 계급 제도 가운데 최고급인 제사장 계급을 뜻하지만, 불경에서 쓰일 때는 내용상 의미가 다를 때가 있다. 여기서는 계급 가운데 최고급이 아니라, 깨달음을 이룬 '성자'나 '인격이 완성된 자'를 의미한다. 즉, 선과 악 그 어떤 경계에 치우치지 않고, 사람과의 관계에서든 일에 있어서든 집착하지 않아 마음이 허공과 같은 사람을 말한다.

038
그 누구도 도울 수 없는 일

죽어서 저 세상에 가는 사람을

부모도 자식도 친척도 구원해 주지 못한다.

친척들이 애타는 마음으로 지켜보지만,

모든 이가 하나씩 도살장으로 끌려가는 소처럼 사라진다.

#579~580

세상 사람들이 온갖 생존에 대한

그릇된 집착에 얽매여 떨고 있다.

하열한 사람들은 온갖 생존에 대한 망상에서 떠나지 않고,

죽음이 코앞에 닥쳐와서야 슬피 운다.

#776

○

《숫타니파타》에는 죽음에 관한 내용이 반복된다. 이 게송은
죽음이라기보다는 업(業)으로 생각하자. 자신이 지은 업은 홀
로 짊어져야 하며, 자신이 지은 업대로 살다 간다. 인생은 누
구나 홀로이며, 자식과 배우자도 자신의 업을 대신할 수 없다.
죽음도 마찬가지이다.

부처의 인생 조언

039

모든 업보는 스스로 부른 것이다

비난받아야 할 사람을 칭찬하고,

칭찬받아야 할 사람을 비난하는 사람,

그는 입으로 죄업을 더하고, 그 죄업으로 고통을 받는다.

#658

자신이 지은 어떤 죄업도 소멸되지 않는다.

반드시 되돌아와 그 임자가 악업의 과보를 받는다.

어리석은 자는 현생에 죄를 짓고,

내세에 괴로운 과보를 받는다.

#666

○

몸(身), 입(口), 뜻(意)으로 업을 짓고, 그 업보(과보)를 만든다. 결국 자신이 업을 짓고, 자신이 업보를 받는 셈이다. 불교는 신의 종교가 아니라 자신의 수양으로부터 시작되기 때문에 이런 내용이 대부분이라고 보면 된다.

역지사지를 기억하라

'저들도 나와 모두 똑같은 존재다'라고 생각하라.

나의 입장으로 바꿔 생각해서

결코 다른 생명을 죽여서는 안 된다.

또한 다른 사람을 죽게 해서도 안 된다.

#705

부처의 인생 조언

041
내려놓는 연습 1

욕망을 채우고 싶어 애달파 하는 사람이

자신의 욕망을 이루지 못하면

그는 화살 맞은 것처럼 괴로워한다.

#767

○

인간의 애달픈 모습 그대로를 말하고 있다. 탐욕으로 괴로워
하고, 그 욕망만큼 마음이 채워지지 않으면 괴로워한다. 고
(苦) 가운데 '구불득고(求不得苦)'가 있다. 욕구하는 것은 많은
데 이루어지지 않으니 고통이 발생하는 셈이다. 조금만 내려
놓으면 될 것을 내려놓지 못하기 때문이다. 이와 관련해 《아
함경》에도 '두 번째 화살을 맞지 말라'라는 말이 있다.

내려놓는 연습 2

농토·집터·황금·말·노비·부인·친척 등
여러 가지를 탐내는 사람은
그로 인해 반드시 고통이 따르고 위험이 따르기 마련이다.
마치 부서진 배에 시나브로 물이 스며들듯이.
그래서 사람은 항상 바른 생각을 품고 자신을 지켜야 한다.
배에 스며든 물을 퍼내듯이,
탐욕을 버리고 강을 건너 피안에 도달하는 사람이 되어라.

#769~771

○

예를 들어, 자동차를 갖고 있으면 이동하는 데 좋은 점도 있지
만, 이에 따른 부수적인 일들이 많다. 집 또한 사면 좋지만, 관
리도 해야 하고 부부 간에 서로 자기 명의로 하겠다고 싸움도
하는 등 소유한 만큼 고가 발생한다. 고가 발생하는 근원지는
결국 자신의 집착과 탐욕이라는 점을 인식하라.

마지막을 미리 준비한다

이 세상에 미련을 가지고 집착해도

인간은 죽음을 면치 못한다.

인생은 매우 짧다.

백 살도 못 채우고 눈을 감게 되어 있다.

아무리 오래 살려고 발버둥쳐도

결국 노쇠해 죽어간다.

#776

044
영원한 내 것이 어디 있는가

사람들은 '나의 것'이라고 집착한 물건에 괴로워한다.
'나의 것'이라고 생각하는 물건은 영원한 것이 아니다.
이 세상 모든 것은 변하고,
언젠가는 사라지는 것임을 분명하게 알아야 한다.

#805

○

인간은 '나'라는 기준을 두고 온갖 욕망과 집착을 일으킨다. 가
끔 '내 것, 내 물건'이라고 명명하지만, 불현듯 '도대체 무엇이
내 것인가?'라고 의아할 때가 있다. 결국 누군가로부터 빌려서
잠깐 쓰다가, 또 언젠가 누군가에게 물려주고 갈 것들이다.

부처의 인생 조언

045
말할 때와 들을 때

어느 누군가 그대에게 충고하면,

반성하고 감사하게 받아들여라.

함께 살고 있는 사람들에게 악한 감정 품지 말고,

최대한 좋은 말을 많이 하여라.

시기가 적절하지 않을 때는 말을 삼가고,

(의도적으로) 상대를 폄훼하려는 마음을 품지 말라.

#973

○

이 게송은 말하는 사람과 듣는 사람 모두에게 해당한다. 말할 때는 시의적절하고 진심을 담아 말해야 한다. 또 충고를 들을 때는 '저 사람이 나를 진심으로 생각해 주는구나'라고 생각하고 받아들이라는 뜻이다.

평온한 사람이란

과거에 있었던 번뇌로운 일들에 집착하지 말라.
미래에 일어날 일에 대해서도 염려하지 말라.
즉금에도 그대가 어떤 것에 집착하지 않는다면
그대는 평온을 찾은 사람이다.

#1099

2장

번뇌를
가라앉히는
진실을 찾다

법구경

"자신을 해치는 것은 자기 자신이다"

《법구경》은 어떤 경전인가?

　《법구경(法句經)》은 '가르침의 말씀' 또는 '진리의 길'이라는 뜻으로, 초기불교 교단 내에서 다양한 형태로 구전되던 시(詩, 진리)를 모아놓은 경이다. 《법구경》은 《숫타니파타》 다음으로 만들어진 경전이다. 《법구경》은 불자이든 일반인이든 가장 애독되는 경전으로, 불경 가운데 전 세계 각 나라의 언어로 번역된 최다(最多)의 경전이다. 《법구경》은 출가자와 재가자 모두에게 교훈되는 주제로 구성되어 있는데, 수행 원리 · 도덕적 규범 · 연기설 · 중도 · 인연 · 무상 · 무아 · 고 · 과보 · 죽음 · 윤회 · 참회 · 진리 · 행복 추구 등 종교를 떠나 보편적인 진리를 담고 있다.

047
남 탓이 아니다

원한을 원한으로 되갚는다고 해서
그대 가슴에 맺힌 한이 풀어지는 것이 아니다.
원망을 쉬어야 원한이 풀어진다. 이것은 영원한 진리이다.

#5

남의 잘못이나 그릇된 행동을 눈여겨보지 말고,
자신의 과오나 그릇된 행실을 살펴라.
이렇게 하면 상대와의 다툼이 소멸될 뿐만 아니라
그대의 근심·걱정도 소멸될 것이다.

#6

○
예수님도 "자신의 대들보는 보지 못하고, 남의 눈에 있는 티는
잘 본다"라고 하였다. 그 어떤 일(특히 나쁜 일)이든 자신으로
부터 발생한 것이다. 화살표를 자신에게 돌려라.

048
올바른 가치관을 갖도록 노력하라

진실을 거짓으로 보고, 거짓을 진실로 보는 것!
이것은 잘못된 생각이요, 그릇된 견해이다(邪見).
삶에 있어서나 기도하고 수행함에
이익될 것이 하나도 없다.

#11

진실을 진실로 보고, 거짓을 거짓으로 보는 것!
이것이 바른 생각이요, 올바른 견해이다(正見).
사람으로서 살아가는 데
바람직한 일만 발생할 것이다.

#12

049
허술한 지붕에 비가 새듯

허술하게 이은 지붕에 비(雨)가 새는 것처럼
마음을 살피지 않으면, 마음에 탐욕이 스며든다.

#13

촘촘히 꼼꼼하게 잘 이은 지붕은
비가 쏟아져도 빗물이 스며들지 않는 것처럼,
마음을 잘 거두며 살피면, 탐욕이 스며들지 않는다.

#14

○

'한탕주의'나 '한방에 얻는다'라는 말이 있다. 땀 흘려 얻은 금
전이 아닌 것을 취하고자 하면, 자기뿐만 아니라 패가망신할
수도 있다. 복권에 당첨된 사람이 오히려 이전보다 파탄에 빠
지는 경우를 뉴스에서 종종 접한다. 쉽게 얻은 것은 쉽게 빠져
나가는 법! 진실하게 돈을 벌고, 바르게 살려는 자세를 갖자.
세상에는 돈으로 환산할 수 없는 가치 있는 일들이 많다. 마음
을 잘 살펴, 비가 새지 않도록 해야 한다.

부처의 인생 조언

050
불행한 사람과 행복한 사람

살면서 악한 행동을 밥 먹듯이 하는 사람은
현세도 근심스런 일이 많고, 다음 생도 걱정이 많다.
자신이 지은 악업 때문에
이래도 저래도 힘들고, 불행한 일만 생긴다.

#15

살면서 좋은 행동을 습관적으로 실천하는 사람은
현세도 좋은 일만 생기고, 다음 생도 행복할 것이다.
자신이 지은 선업(善業)의 선과(善果)로
이러하든 저러하든 즐거운 인생이요, 행복한 일만 생긴다.

#16

○

"선인선과 악인악과(善因善果 惡因惡果)"란 말이 있다. 콩 심은
데 콩 나고, 팥 심은 데 팥 난다는 뜻이다. '마음 밭'에 선과 악의 씨
앗 중 무얼 뿌릴 것인가? 불교는 어느 쪽의 공덕을 지었느냐에 따
라 업보가 결정되므로, 선과 악 중 선택은 자신이 하는 것이다.

욕심이 많은 사람

욕심이 많으면 하늘에서 보물이 떨어져도 만족이 없다.

욕심으로 인해 일어난 마음을 조종해야 행복할 수 있다.

그(날뛰는 탐욕)를 잘 조절한다면 행복이 충만할 것이다.

#35

○

하늘에서 수십억 보물이 떨어져도 인간의 욕심은 충족되지 않는다. 오히려 "왜 하늘에서 수백억이 떨어지지 않느냐?"라며 하늘을 원망한다. 욕심은 끊임없이 솟아나는 샘물과 같다. 그렇다고 다 버리고 살라는 것이 아니다. 의미 없는 욕망을 줄이라는 뜻으로, 무소유를 강조함이다. 또한 조금씩 나누는 삶(보시)을 실천하면, 행복을 불러 들일 수 있다는 뜻이다.

052
내게 가장 큰 해를 끼치는 것

적이 내게 주는 피해보다, 또 원수가 내게 주는 피해보다
자신의 그릇된 생각과 마음에서 만들어진
업(業, 행위)에서 발생하는 피해가 훨씬 큰 법이다.
남을 원망하지 말라.

#42

○
우리나라 사람 중에는 불길한 일만 생기면 조상을 탓하며 묘를 파
헤치거나 이장하는 이들이 있다. 그런데 삶에서 일어나는 모든
것은 자신이 말하고 행동한 업(因)으로부터 일어난 결과(果)이
다. 즉, 타인이나 원수가 주는 피해가 아니라 자신이 불러들인 것
이다. 나쁜 일은 자신을 탓하고, 좋은 일은 상대방 덕분이라고 생
각하자. 그러면 가정에서든 직장에서든 모든 일이 순조롭게 돌아
갈 것이다.

053
무엇이 더 중요한 일인가

예쁜 꽃을 따 모으는 일에만 급급한 사람은

그의 욕심이 채워지기도 전에 죽음이 그를 데려간다.

#48

○

여기서 꽃을 따는 것은 인생을 흥청망청 사는 사람을 말한다.
이 게송은 음주가무를 취미로 살다가 세월에 밀려 자신이 죽
는지도 모르고 죽음에 떠밀려 가는 불쌍한 인생을 말한다.

부처의 인생 조언

054
먼저 자기부터 살펴라

남의 그릇됨을 꼬집어 따지거나

잘못된 행실에 왈가왈부하지 말라.

먼저 자신의 행동은 그릇됨은 없었는지,

이치에 맞게 행동했는지,

자신부터 살피어라.

#50

○

당나라 태종(626~649)은 중국 '3대 성군' 가운데 한 명으로 불
린다. 당태종 대에는 어느 신하라도 국정에 관해서 발언할 수
있었고, 황제의 단점이나 허물을 건의할 수도 있었다. 이런 황
제였기에 중국 역사상 최고의 황제로 존경받는 것이 아닐까?

055
삶에서 열매를 맺으려면

제일 예쁘고 빛깔이 고운 꽃에 향기가 없는 것처럼,

아무리 훌륭한 말일지라도 행실이 따르지 못한다면

열매를 맺지 못하는 꽃과 같다.

예쁜 꽃에 빛깔도 곱고 향기가 멀리까지 풍겨가는 것처럼,

말도 훌륭하고 행실이 바르다면

그의 삶은 반드시 복덕이 많고, 행복한 인생이다.

#51~52

○

명나라 양명학의 왕양명은 말과 행동이 일치하는 '지행합일
(知行合一)'을 주장했다. 그러나 이론만큼 지와 덕이 일치하기
쉽지 않다. 한편, 부처님의 또 다른 이름으로 '양족존(兩足尊)'
이 있는데, 복덕과 지혜를 모두 구족하고 있다는 뜻으로써 중
생도 이런 목표를 갖고 살라는 뜻이다. 말(이론)도 잘하면 좋
지만, 행실(실천)도 그에 걸맞아야 한다. 착하게 살자.

056

훌륭한 스승을 만나라 1

어리석은 사람은 성자와 한평생을 함께 지내도
참다운 법을 알지 못한다.
마치 숟가락이 국 맛을 모르는 것처럼.

#64

훌륭한 스승을 만나라 2

지혜로운 사람은 성자와 잠깐 지내도
진리를 금방 받아들인다.
마치 혀가 국 맛을 알듯이.

#65

○

"마치 혀가 국 맛을 알 듯이"라는 이 문구는 《법구경》의 대표
게송으로 많은 이가 애송한다. "절 집 밑에 사는 사람들은 신
심도 없고, 불교와 인연이 없다"라는 말이 있다. 진리가 가까
이 있는데도 관심 갖지 않는 사람들에 대한 안타까움이 담긴
말이다. 근자는 어느 종교나 신자가 줄고 있는 상황인데, 어느
종교든 인간사에 필요한 부분이 있다. 불교는 인간의 이기심
과 못된 근성을 객관화하고, 고칠 수 있는 방법을 제시하는 종
교다.

058
누가 어리석은 사람인가 1

어리석은 사람은

자신의 악행으로 근심을 만들며,

나쁜 업을 짓는다(因).

그리고 스스로 지은 업의 결과로

고통받는다(果).

#66

○

노력(因)한 만큼 결과(果)를 바라야 하는 법! 헛된 욕심을 내
려 놓아라.

누가 어리석은 사람인가 2

어리석은 사람은 악의 열매가 익기 전까지
달콤한 꿀같이 생각한다.
악이 완전히 익어 열매를 맺은 뒤에야
비로소 고통을 받는다.

#69

○

종종 사람들은 "어떤 사람은 착하게 사는데도 힘들고, 어떤 이
는 나쁜 행동만 일삼는데도 잘 먹고 잘 산다"라고 말한다. 당
장 눈앞에 과보가 나타나지는 않지만, 언젠가는 반드시 나타
나게 되어 있다(사필귀정, 事必歸正). 인과란 그림자가 실체
를 따르는 것과 같이 엄연한 사실이다.

060
인생에 그림자처럼 따르는 그것

방금 짜낸 우유가 상하지 않듯이,

악업으로 지어진 업보가 당장 눈앞에 나타나지 않는다.

그러나 시간이 지나면 재 속에 있는 불씨처럼,

언젠가는 (업보가) 그를 그림자처럼 따른다.

#71

○

앞에서 말한 것처럼, 불교는 인과를 강조한다. 잿더미 속에 덮여 있는 불씨는 잠재된 불기운을 갖고 있어 언젠가는 불을 피울 수 있다. 이처럼 업도 인연이 성숙되면 언젠가는 업보가 드러난다는 뜻이다. 여기서 말하는 업이란 나쁜 것만이 아니다. 착하게 사는 사람이라면 당장은 힘들지라도 언젠가는 좋은 일이 생긴다. 반대로 나쁜 짓을 밥 먹듯이 하면서도 잘사는 이가 있다면 언젠가는 악의 과보(惡果)를 받게 되어 있다.

061

길잡이가 되어 주는 사람

땅속에 묻혀 있는 보물을 캐러 갈 때 길잡이를 따르듯이

혹 그대의 잘못을 지적해 주는 이가 있다면 그를 따르라.

옳고 그릇됨을 세밀하게 알려주는 사람이라면

그를 선지식으로 섬겨라.

반드시 인생에 발전이 있을 뿐, 결코 손해는 없을 것이다.

#76

O

여기서 말하는 선지식은 현대로 치면 스승이나 멘토를 가리키
는데, 《법구경》 역시 수행을 떠나 인생길을 인도해 주는 길잡
이(스승)라고 본다. 나이가 들면 충고해 주고 걱정해 줄 벗이
나 스승도 점점 없어진다. 그러니 칭찬이 아닌 잘못을 지적하
고, 좋은 쪽으로 인도해 주는 사람(부모, 친구 등)이 있다는 것
만으로도 얼마나 행복한 일인가?

부처의 인생 조언

쉽사리 바람에 흔들리지 말라

큰 바위가 바람에 흔들리지 않는 것처럼,

지혜로운 사람은 어떤 칭찬과 비방에도 흔들리지 않는다.

지혜로운 사람은 어떤 일이 일어나도 여법하다.

즐거운 일이 생기든 괴로운 일이 발생하든

그 어떤 것에도 연연하지 않는다.

#81

○

이와 유사한 게송이 《숫타니파타》에도 있다(33쪽 참고). 인생
은 롤러코스터와 같은 법이다. 오르막길이 있으면 내리막길
도 있는 법! 좋은 일에 너무 들뜨지 말고, 나쁜 일에도 의기소
침하지 말자. 이 또한 인연에 따른다. 그 어떤 것이든 잠시 스
쳐 지나는 바람이다. 다 지나간다.

대지처럼, 산처럼

마음이 대지(大地)처럼 관대해 화내지 않고,

마음이 산(山)처럼 부동(不動)하며,

칭찬과 비난에도 동요하지 않는 사람!

이 참사람(아라한)은 생사(生死)를 여읜 사람이다.

#95

○

마음을 대지처럼 너그럽고 산처럼 듬직하게 먹어 좋고 싫은 것에 동하지 말라는 내용이다. 두고두고 새길 만하다. 여기서 '생사를 여읜 사람'이란 깨달은 사람을 말하는데, 이 게송은 부처님이 제자 사리불을 칭찬한 내용이다. 사리불 존자는 부처님으로부터 사랑을 듬뿍 받았던 제자이다. 사리불은 굴욕적인 일을 당했을 때나 힘든 일에도 동요하지 않고, 인욕에 매우 뛰어났으며, 묵묵히 수행했기 때문이다.

064
무엇을 다스려야 하는가

전쟁터에서 수천의 적군과 싸워 이기는 것보다

자기 한 사람을 정복한 사람이 가장 위대한 승리자다.

남을 이기는 것보다 오직 자기 한 사람을 이겨야 한다.

그러니 자기를 잘 다스려라.

마침내 그 어떤 것에서든 자유자재를 얻을 것이다.

설령 천왕·건달바·악마·범천일지라도

(자기를 이기는) 승리자는 어떤 방법으로도 이길 수 없다.

#103~105

○

#103~105는 연결되어 있다. 불교의 업보설이다. 정글의 왕 사
자도 (외부가 아니라) 자신 몸에서 나온 작은 벌레에 의해 죽
어간다. 곧 자신에게서 만들어진 것에 의해 자기를 망치는 법
이다. 그러니 고통을 감내해 자기를 이기는 자가 이 세상 정복
자요, 해탈을 성취한다.

단 하루를 살더라도

비록 100년을 살지라도 계를 지키지 않는 것보다,
하루를 살더라도 계를 지키며
고요한 마음으로 살아가는 것이 최상의 인생이다.

#110

○

이 게송은 자장 율사(590~658)가 말한 것으로도 유명하다. 신라 진평왕은 조정에 재상 자리가 비자, 자장 율사에게 "세속으로 나와 나를 도와 달라"라고 청했다. 하지만 자장은 왕의 요청에 응하지 않고, 칙사를 통해 이런 답변을 보냈다. "하루를 살더라도 계를 지키다가 죽을지언정 계를 파(破)하면서 백 년 사는 것을 원치 않는다(吾寧一日持戒死 不願百年破戒而生)" 율사는 끝내 받아들이지 않고, 평생 참 수행자로 살았다.

늘 노력하는 삶

좋은 일(善業)을 보거든 서둘러 실천하려고 노력하고,

좋지 않은 일(惡業)은 최대한 삼가라.

좋은 일 하는 데 게으르면 좋지 않은 습관에 쉽게 빠진다.

좋은 일(善業)을 했으면 선행을 지속하도록 격려하라.

꾸준히 선한 일을 실천하면 미래는 당연히 행복할 것이다.

#116, 118

○

나쁜 습관은 다시 발생하지 않게 하고, 좋은 습관은 계속하도록
자신을 장려하라는 뜻이다. 불교 사상에서 중요한 인과인데(81
쪽 참고), 씨앗을 뿌렸다면(因), 그 씨앗이 잘 크도록 노력해야
한다는 말이다. 노력의 결실이 좋은 과보(果)이다. 선업을 지을
때 언젠가는 복을 받게 되어 있으니 복 짓는 일을 자주 실천하라
는 뜻이다. 자신은 '무소불위(無所不爲)의 인간'이라며 함부로
행동하지 말라. 그 복도 언제고 다 없어질 수 있다. 일이 잘 풀리
거나 복이 있다고 생각할 때, 하심(下心)하며 겸손해야 한다.

어떤 열매를 수확할 것인가

악의 열매가 익기 전에는 악인도 복을 받는다.

그러나 악의 열매가 완전히 익었을 때,

악인은 반드시 과보를 받는다.

#119

선의 열매가 익기 전에는 선인도 재앙이 따를 수 있다.

그러나 선의 열매가 완전히 익었을 때,

선인은 반드시 복덕을 받는다.

#120

부처의 인생 조언

068
한 방울이 모여 대하를 이룬다

'이 정도는 업보(業報)가 미치지 않을 것'이라고 생각하고,

나쁜 행동을 가벼이 여기지 말라.

비록 한 방울 한 방울이 적을지라도

한 방울 한 방울이 모여 큰 항아리를 채운다.

이처럼 작은 악행이 하나씩 쌓여 큰 죄악이 되는 것이다.

#121

'이 작은 선행은 복 짓는 일이 안 될 것'이라고 생각하고,

조그만 선행을 가벼이 여기지 말라.

비록 한 방울 한 방울이 적을지라도

한 방울 한 방울이 모여 큰 항아리를 채운다.

이처럼 작은 선행이 쌓이고 쌓여 큰 복덕이 찾아온다.

#122

천상천하 유아독존

자기 자신이 행복을 바라고 고통을 바라지 않는 것처럼,

다른 사람도 행복을 원하고 고통을 원하지 않는다.

그대가 자신의 생명을 소중히 여기듯이,

타인들도 자신의 생명을 소중히 여긴다.

#129

○

석가모니 부처님이 세상에 아기로 탄생했을 때 갓난아기가 일곱 걸음을 걸으면서 외쳤다는 "천상천하 유아독존(天上天下 唯我獨尊, 하늘 위나 하늘 아래 오직 나만이 홀로 존귀하다)" 은 불교의 상징적인 의미이다. '유아(唯我)'란 절대적인 자아, 즉 이 세상에 그 무엇과도 바꿀 수 없는 귀중한 존재이며 누구나 다 그렇다는 것이다. 이에 이 세상의 모든 존재도 나처럼 똑같이 귀한 존재임을 인식하라는 뜻이다.

070

모두 다 사랑하라

자기 자신이 행복을 추구하듯
이 세상의 모든 존재도 자신들의 행복을 추구한다.
그대가 다른 존재들에 피해를 끼친다면,
다음 생에 불행하게 살 것이다.

#131

자기 자신이 행복을 추구하듯
이 세상의 모든 존재도 자신들의 행복을 추구한다.
그대가 혹 다른 존재들에 피해를 끼치지 않는다면,
다음 생에 행복하게 살 것이다.

#132

○

게송 또한 살아 있는 모든 존재의 행복을 기원하고 있다. 이런
마음이 스스로 우러나와 상대의 아픔과 슬픔에 공감하는 것을
'동체대비(同體大悲)' 사상이라고 한다.

가는 말이 고와야 오는 말도 고운 법

남이 싫어하는 말이나 혐오감 주는 말을 삼가라.

가는 말이 고와야 오는 말이 고운 법이다.

상대방에게 악한 말을 하면,

오히려 부메랑이 되어 보복을 당할 수 있다.

#133

○

말 한마디로 천 냥 빚을 갚을 수도 있지만, 그 반대로 빚더미에 올라앉을 수도 있는 법이다. 자칫 잘못하면 '말' 때문에 인생에서 돌이킬 수 없는 실수가 발생할 수도 있다. 조선시대 《용재총화》에 실린 자비(慈悲) 스님의 이야기를 보면, 스님은 성격이 대쪽 같아 벼슬아치에게도 굽실대지 않은 데 반해, 무엇을 부르든 돌님·나무님·호랑이님·토끼님 등과 같이 반드시호칭 뒤에 '님' 자를 붙여 불렀다고 한다. 우리도 누구에게나존중을 담아 예쁜 말만 하자.

자신의 문제점을 파악하라

어리석은 사람은 악행을 저지르며 문제점을 모른다. 자신
이 지은 악업의 불길로 제 몸을 태우고 고통받는다. 선량
한 이를 매질하거나 죄 없는 이를 거짓으로 모함하면, 그
는 용서 받지 못하고, 다음 열 가지 과보를 받는다.

심한 고통·신체 장애·육신의 중병·정신적인 질병·타인
으로부터 모함·관청의 징벌·친척과의 이별·재산 상실·가
옥 화재·내세에 지옥세계 태어남 등이다.

#136~140

○

악한 행동이나 좋지 않은 말을 하면 당장은 과보가 없을지라
도 언젠가는 되돌아온다. 자신의 실수나 악행을 알아 채고 참
회하면 문제가 없지만, 문제는 그 사실조차 인지하지 못하는
데 있다. 탐·진·치 3독 가운데 제일 심각한 병인 '어리석음'이
다. 악한 행동의 과보로 지옥에서 고통받는다는 내용을 과학
으로 증명할 수는 없지만, 이런 진리를 통해 인생을 사는 동안
바르게 살아야 한다는 뜻으로 받아들였으면 한다.

073
영원하지 않은 것에 집착 말라

몸은 세월 따라 낡아 가는 것.

몸과 얼굴은 '질병 덩어리'로, 점차 소멸되어 간다.

형체는 무너지고 살은 썩어 간다.

삶(生)은 반드시 죽음(死)으로 끝이 난다.

목숨이 다해 식(識)이 떠나면 가을 들판에 버려진 표주박처럼

살은 썩고 앙상한 백골만이 뒹군다.

거기에 무슨 즐거움이 있다고, 애착 부리는가?

#148~149

○

부처님께서는 제자들을 교육시킬 때 공동묘지로 직접 데리고
가서 시체가 썩는 과정을 보게 하셨다. 인간의 육신이 얼마나
무상한지를 잘 관(觀)하고 열심히 공부하라는 뜻이다. 지금도
남방불교(태국, 미얀마 등) 나라에서는 실제 사람의 뼈대를 명
상방에 모셔 놓기도 하고, 수행자가 '백골관'을 주제로 수행할
경우에 백골을 앞에 두고 명상하기도 한다. 이는 초기불교 수
행법이라 현재 우리나라의 간화선과는 많이 다르다.

074
올바른 삶을 권하다

모든 나쁜 짓 하지 말고, 수많은 선행을 지어라.

자기 마음을 청정히 하는 것,

이것이 모든 부처님의 가르침이다.

(제악막작 중선봉행 자정기의 시제불교, 諸惡莫作 衆善奉行 自淨

其意 是諸佛敎)

#183

○

이 게송은 《법구경》의 대표 게송이다. 여러 경전 곳곳에 언급

되어 있다. 석가모니 부처님을 비롯해 과거 여섯 부처님이 공

통으로 훈계하는 가르침이라고 하여, 위 게송을 '칠불통계게

(七佛通戒偈)'라고 한다.

075
악행과 선행

자신이 지은 악행은 그 과보도 자기가 받는다.

모든 것이 나로 인해 이루어진다.

어리석은 자는 스스로의 악행으로 자기를 파멸시킨다.

마치 금강석이 다른 보석을 잘라 내듯이.

#161

스스로 악업을 지어 자신이 그 과보를 받고,

스스로 선업을 지어 자신이 그 복덕을 받는다.

악업과 선업은 스스로 지음이요,

과보와 복덕 또한 누군가 대신 받아 주는 것이 아니라

자신이 받는다.

#165

부처의 인생 조언

○

자신에게 보이는 것들, 느끼는 것들은 모두 자신의 책임이다.
또한 우연히 일어나는 것처럼 보이는 것들 또한 자신이 불러
들인 업에 의한 것이다. 어떤 일이 발생하든 남 탓하지 말자.
다 자신으로부터 시작된 것이다.

악업의 경우는 어떻게 해야 하는가? 자기 대신 과보를 받을 사
람은 아무도 없고, 업보를 해결해 줄 사람도 없다. "땅에서 넘
어진 자는 땅을 짚고 일어나라(因地而倒者 因地而起)"라고 하
였다. 자기 자신이 나쁜 행위의 문제점을 찾아 풀어야 한다.
이것만 명심해도 다른 사람을 원망하는 일은 없을 것이다.

지혜로운 사람만이 아는 것

하늘에서 7보(七寶)가 쏟아진다 해도
인간의 욕심은 채워지지 않는다.
인생에 즐거움은 잠깐이요, 괴로움은 많은 법,
지혜로운 사람은 이것을 잘 안다.

#186

○

필자가 법문하면서 가장 많이 활용하는 게송이다. 인간의 욕
심을 적나라하게 표현하고 있기 때문이다. 인간의 욕심과 욕
망은 하늘과 땅을 뒤덮을 정도이므로 채워도 채워지지 않는
다. 삶이 고통스런 것은 바로 이 욕심 때문이다. 자신의 재산
과 능력은 5(五)인데, 마음에 욕구하는 것은 100(百)이다. 5와
100의 차이가 바로 고통이다. 그러니 죽음에 임박해 '부질없구
나!'라고 깨달을 것이 아니라, 지금 살아 있을 때 그 '욕심'을 인
지하자. 인지만 해도 자신을 돌아보는 계기가 될 것이다.

부처의 인생 조언

077
아플 때 약을 먹는 것처럼

삶의 괴로움(고, 苦)과 고통의 원인(집, 集),

모든 고가 소멸된 경지(멸, 滅),

고의 소멸로 인도하는 수행법인 8정도(도, 道),

바로 이 4성제가 고통스런 삶으로부터 벗어나게 해 준다.

#191

○

4성제는 불교사상의 근본이다. "세상을 사는 데 고통스럽다. 왜 고통스러운가를 살펴보니 집착(集) 때문임을 알았다. 이에 고를 제거하기 위해 열심히 기도하고 수행해서 행복(해탈, 열반)을 얻는다." 매우 간단한 원리이다. 초기불교이든 대승불교이든 근본 사상인 4성제를 한마디로 말하면 '이고득락(離苦得樂, 고를 여의고 행복을 얻음)'이다. 다시 말해, 병이 났을 때 원인을 진단하고 약을 먹음으로써 통증으로부터 벗어나는 것과 같은 이치이다.

078
고고하게 살아가기

환자들 속에 살면서도 병으로부터 벗어나 편안하게 살라.
수많은 환자 속에 살지만,
그대 홀로 고고하게 병으로부터 벗어나라.

#198

○

여기서 '병(病)'이라는 것은 육체적인 병을 말하는 것이 아니라
번뇌에 찌든 마음의 병을 말한다. 《법화경》에서는 이 세상을
'불난 집'이라고 하였다. 나이가 들수록 불(번뇌)을 꺼야 하는
데, 불을 더 붙이고 산다. 지혜는 줄고, 번뇌만 늘어나는 초라
한 중생의 자화상이다.

부처의 인생 조언

079
건강을 잃으면 모든 것을 잃는다

건강은 가장 큰 은혜요,

만족(무소유)은 가장 큰 재산이다.

신뢰는 가장 큰 벗이요,

열반(해탈)은 가장 큰 기쁨이다.

#204

○

건강·만족·신뢰·해탈, 이 네 가지 중 우리 삶에 중요하지 않
은 것이 하나도 없다. 물론 해탈(깨달음)도 중요하지만, 중생
입장에서 보면 건강이 무엇보다 중요하다. 건강해야 공부하
고, 좋은 직업도 구하며, 결혼도 하고, 행복하게 살 수 있다. 건
강을 잃으면 모든 것을 잃는다.

080
사랑과 미움

사랑하는 사람도 갖지 말라.

미워하는 사람도 만들지 말라.

사랑하는 사람은 만나지 못해 괴롭고,

미운 사람은 만나서 괴롭다.

#210

O

이 게송은 유명한 내용이다. 불자가 아닌 이들에게도 회자되고 있다. 불교의 8고 가운데 '애별리고(愛別離苦, 사랑하는 사람과 헤어지는 고통)', '원증회고(怨憎會苦, 싫은 사람을 만나는 고통)'가 있다. 인간관계에서 애증이 내 마음대로 되는가? 마음대로 되지 않기 때문에 좋은 인연이든 나쁜 인연이든 너무 매달리지 말고 경계에 초탈하라고 한다. 마치 새가 허공을 날되 자취를 남기지 않는 것처럼.

081
인연과 용서

애착으로부터 근심과 두려움이 생긴다.

애착이 없으면 근심도 사라질 것이다.

어찌 두려움이 있겠는가?

친함으로부터 근심과 걱정이 생기고,

친함으로부터 두려움이 생긴다.

친함이 없는 곳에 걱정도 없거늘

어디에 두려움이 생기겠는가!

#212~213

○

상처는 부부, 형제 등등 제일 가까운 사람에게 받는다. 가까운
만큼 기대고 의지하려는 마음이 강하므로, 폭력이나 폭언을
받으면 평생 트라우마로 남아 고통스러운 법이다. 또 가족으
로부터의 배신은 감당할 수 없는 슬픔으로 남는다. 누구나 가
족을 떠나 살 수 없기에 관계 속에서 용서를 중시하는 법이요,
최대한 집착을 내려놓으라고 하는 것이다.

082
슬픔은 욕망에 비례한다

갈망으로부터 근심·걱정이 만들어지고,

갈망으로부터 두려움이 생긴다.

갈망으로부터 초연하면, 슬픔이 사라질 것이다.

그러니 어디에 두려움이 생기겠는가!

욕망으로부터 근심·걱정이 생기고,

갈애로부터 두려움이 생긴다.

욕망이 없는 곳에 슬픔이 없거늘,

그러니 어디에 두려움이 생기겠는가!

#215~216

○

적당한 욕망은 삶을 살아가는 원동력이다. 그런데 지나치게
욕망하면 악업(惡業)으로 변질된다. 부모가 자식을 사랑(욕
망)하는 것은 당연하지만, 남의 자식을 해코지하면서까지 사
랑하거나 억압한다면 사랑이 아니라 집착이다. 아무리 가까
운 사이도 욕망이나 집착이 아니라 '거리두기'가 필요하다.

083
천국에 태어나는 방법

속이지 말라. 화내지 말라.

(많은 것을 가지려는) 탐욕을 멈추어라.

이 세 가지만 실천한다면,

죽어서 하늘세계에 태어날 것이다.

#224

○

불교에서 '하늘세계(天界)'란 뭇 종교의 개념과 다르다. 중생
의 세계를 6도라고 하는데, '지옥, 아귀, 축생, 수라, 인계, 천계'
이다. 즉, 하늘세계란 인간이 살고 있는 세계보다 조금 더 행
복한 세계를 말한다. 이 책 전반에 나타난 '다음 세상에 좋은
세계'라는 표현은 모두 이 하늘세계를 말한다.

084
천천히, 한 발 한 발

지혜로운 사람은 급히 서두르지 않고,
조용히 꾸준하게 정진해 간다.
마치 금 세공사가 불순물을 제거하듯이,
마음의 때를 천천히 제거한다.

#239

○

이 게송은 수행과 관련되지만, 우리의 삶도 그러하다. 대한민
국 사람들의 '빨리빨리병'과 함께 겹쳐 보여서다. 히말라야 산
꼭대기 정상에 오르는 시작도 첫 발부터요, 한 발 한 발이 모여
서 정상에 오른다. 정상이라는 목적지를 두고 가는 길녘에 꽃
을 보고, 나뭇잎도 보며, 새 소리도 들으면서 달팽이처럼 천천
히 가자.

부처의 인생 조언

085
행복은 스스로 만드는 것이다

쇠 스스로에서 생긴 녹이 쇠를 갉아 먹듯이
자신이 만든 악행으로 자기 스스로를 망친다.

#240

○
결국 자신을 무너뜨리는 사람은 외부가 아니라 자신이라는 뜻
이다. '사자신중충(獅子身中虫)'이라는 말이 있다(85쪽 참고).
용감한 사자도 외부에 의해 무너지는 것이 아니라 몸에서 생
겨난 벌레가 자신의 살을 파먹어 죽는다는 뜻이다. 이 세상의
천적(天敵)은 곧 타인이 아니라 자신이라는 점을 잊지 말라.

086
부끄러움을 알아야 한다

부끄러움을 모르는 사람은

마치 까마귀처럼 뻔뻔하고 당돌한 인간이다.

얼굴에 철판을 깔아 덕을 저버리고 사는 사람이다

이런 이의 인생을 '때 묻은 자의 삶'이라고 한다.

#244

그러나 부끄러움을 아는 사람!

명예와 부에 집착지 않고,

바르고 겸손하며 지혜로운 사람!

이런 이의 인생을 '고귀한 삶'이라고 한다.

#245

부끄러워할 일을 부끄러워하지 않고,

부끄럽지 않은 일을 부끄러워하는 사람!

이처럼 그릇된 소견으로 살아가는 사람은

부처의 인생 조언

목숨을 마친 뒤에

현 인간의 삶보다 하천한 세계에 떨어질 것이다.

#316

○

게송 #244~245는 어느 비구가 환자를 치료하고 음식을 공양
받았을 때, 부처님께서 대가로 공양받는 점을 걱정하며 하신
말씀이다. 계율에 승려는 장사나 이익 창출을 하면 안 된다.
부처님께서는 승려의 순수함과 우직함을 강조하셨다고 본다.
또한, 부처님께서는 '부끄러움을 아는 것'을 강조하셨기에, 승
려의 계율 가운데 꼭 등장한다. 계율을 떠나 사람으로서 부끄
러움을 아는 것이 기본 인격이다.

또한, 게송 #316에서 말하는 하천한 세계란 지옥·아귀·축생
등을 말한다.

어찌 남의 허물만 보는가

남의 허물은 보기 쉽지만 자기 허물은 보이지 않는다
남의 허물은 겨처럼 까불면서
자기 허물은 교묘하게 속이고 감추려고 한다.
자기 허물은 숨기고, 남의 허물을 들추는 사람이 있다.
그는 마음의 번뇌만 키울 뿐이요, 소멸할 기약이 없다.

#252~253

○
자기에게 허물이 있으니 다른 사람의 허물이 보이는 법이다.
따라서 상대방의 허물은 곧 자기 허물의 그림자이다. 《법구
경》#6에서도 '남의 잘못이나 그릇된 행동을 눈여겨보지 말고,
자신의 과오나 그릇된 행실을 살펴라'라고 하였다(68쪽 참고).
자신이 하는 행동은 고귀한 것이라고 포장하고, 남의 허물만
문제삼거나 공론화하지 말라.

088
백 마디 말보다 실천

말을 늘어지게 잘한다고 해서 지혜로운 사람이 아니다.
사람들을 원망하지 않고, 마음이 평온하며,
남에게 피해를 주지 않은 자를 '지혜로운 사람'이라 한다.
말을 많이 한다고 해서 법사(法師, 설법하는 사람)가 아니다.
비록 법을 조금 듣고 법에 대해 아는 것이 적을지라도
진리를 바르게 이해하고, 실천하며,
행동하는 자를 일러서 '법사'라고 한다.

#258~259

○
송나라 때, 백운 수단(1024~1072) 스님은 "내가 지난 날 귀종
사의 서당(西堂)에 은거하며 경전과 역사 서적을 열심히 열람
할 때에, 수백 번도 더 읽어 책장이 떨어져 나갈 정도로 낡아
버렸다. 그러나 책을 펼 때마다 반드시 새로운 의미를 터득했
다. 여기서 학문이 사람을 저버리지 않는다는 점을 터득했다"
라고 하셨다. 진리의 이해도 중요하지만, 종교적인 실천과 인
간으로서의 진실한 행을 강조하고 있다.

089
세상에 영원한 것은 없다

이 육신을 (순간적으로 일어났다 사라지는) 물거품처럼 보고,
이 세상 모든 것들은 아지랑이처럼 바라보아라(觀照).
이런 사람은 번뇌를 소멸하고,
생사(生死)를 여의어(離) 진리를 성취한다.

#46

○

3법인 진리 가운데 무상 법문(諸行無常)이다. 3법인은 고(苦),
무상(無常), 무아(無我)를 말한다. 《금강경》에도 "일체 모든
것은 꿈, 환상, 물거품, 그림자와 같다(一切有爲法 如夢幻泡
影)"라고 하였다. 이 세상의 모든 것, 즉 현상적인 모든 것은 잠
간도 머물러 있지 않다. 일체 만물은 저 혼자의 힘으로 성립되
어 존재하는 것이 아니라, 여러 가지 인연 화합(緣起)에 의하
여 지어진 것이므로, 시시각각 생멸하고 변천한다는 뜻이다.

부처의 인생 조언

090
인생은 물거품과 같다

이 세상을 물거품과 같이 여겨라.
또 이 세상을 아지랑이 같다고 생각해야 한다.
이렇게 세상을 관해야 한다.

#170

○

이 게송도 무상을 말하는 법문이다(제행무상, 諸行無常). 모든 만물은 고정불변한 것이 없다는 뜻이다. 생명이 있는 것은 여러 인연에 의해 모여진 것이므로 시시각각 생겨났다가 사라지는 변화가 당연하다. 중생은 생로병사 원리요, 물건은 만들어졌다면 잠깐 존재하다가 쓸모없게 되면 사라지는 성주괴공(成住壞空) 원리이다.

091
모든 존재의 현실

모든 조건 지어진 것은 다 고(苦)다.

내면의 지혜로 꿰뚫어 보는 사람은

고뇌와 고통을 멀리 여읜 분이다.

오직 청정한 해탈을 얻는 길이다.

#278

○

일체개고(一切皆苦) 사상이다. 이 세상 모든 것이 고(苦)라는
뜻이다. '모든 조건 지어진 것'이란 인간을 포함한 세상의 모든
존재, 즉 중생을 말한다. 부처님은 생로병사의 4고를 해결코
자 출가했다. 이 4고에, 사랑하는 사람과 헤어지는 애별리고
(愛別離苦), 원수와 만나는 원증회고(怨憎會苦), 구하고자 하
는데 얻지 못하는 구불득고(求不得苦), 정신적 · 육체적으로
욕망이 치성한 오음성고(五陰盛苦)를 더하여 8고가 있다. 그
런데 8고만 있겠는가? 인간에게 8만 4천 번뇌가 있다.

092
제법무아

존재하는 모든 것에 '나'라고 할 만한 실체가 없다.

내적(內的)인 지혜로 잘 관찰하면,

모든 고뇌와 고통을 멀리 떨쳐 낼 수 있다.

오직 청정한 해탈을 얻는 길이다.

#279

○

제법무아(諸法無我)란 존재하는 모든 것에 '나'라는 실체가 없다는 뜻이다. 늘 변하고, 한 순간도 멈추지 않고 변하는 조건을 갖고 있어서다. 사람은 몸(色)+마음(수·상·행·식)의 결합이다. 건물도 시멘트+물+수많은 재료로 구성되어 한 존재를 이룬다. 육체만을 가지고 '나'라고 할 수 없고, 정신적 기능(수·상·행·식) 하나하나를 떼서 '나'라고 할 수 없다. 모든 존재가 각각의 요소로 결합되어 단순히 한 덩어리를 이룬다. 곧 하나하나란 한 개체에 불과하기 때문에 무아라고 하는 것이다.

093
자식은 소유물이 아니다

어리석은 사람은 '이 아이는 내 자식이다',
'이것은 내 재산이다'라고 집착부리며 걱정을 한다.
인생에서 정작 자기 자신조차
'자신의 것'이라는 것이 없는 무아이거늘
어찌 하물며 자식과 재산을 자기 소유물로 집착하는가?

#62

○

무아라는 말은 후대 대승불교로 발전하면서 '공(空)'이라는 사
상으로 발전하였다. 더 나아가서는 집착하지 않는 '무소유(無
所有)'로 발전하였다.

부처의 인생 조언

094

그대의 인생을 살라

사람들은 자식에게 지나치게 애착을 한다.
목장의 소들도 그러하다.
그러다 갑자기 죽음이 눈앞에 다다른다.
마치 홍수가 잠든 마을을 휩쓸어 가듯이.

#287

○

이 게송은 부처님께서 끼사고따미 비구니에게 설한 내용이
다. 끼사고따미는 출가 전 과부로 아들 하나가 있었는데, 그
아들이 죽었다. 그는 반미치광이가 되어 부처님을 찾아간다.
부처님은 "마을에 내려가 한 명도 죽지 않은 집에서 불씨를 구
해오라"라고 말씀하신다. 끼사고따미가 집집마다 찾아다니
며 불씨를 구하려 했으나 어느 집에도 죽지 않은 사람은 없었
다. 그렇게 스스로 무상의 원리를 깨닫게 된다. 이 책 54쪽에서
언급한 내용과 동일하다. 죽음을 관조하라는 것보다 살아 있을
때 삶의 고귀함을 느끼고 자신의 삶을 살라는 뜻이다.

코끼리처럼 고고하게 홀로 가라

지혜로우며 덕 높은 벗을 만나지 못했거든

황제가 망한 나라를 버리고 미련 없이 떠나는 것처럼,

코끼리가 홀로 숲속으로 들어가는 것처럼,

고고하게 홀로 나아가라.

어리석은 자와 길벗이 되는 것보다 홀로 가는 것이 낫다.

숲속의 코끼리처럼 고고하게 홀로 가라.

#329

○

이 게송은 코삼비 분쟁과 관련된다. 부처님 제자들 중에 학식과 덕망이 높은 두 비구(강사와 율사)가 사소한 문제로 분쟁이 일었다. 점차 이들의 제자들까지 가세해 분쟁이 심각해졌다. 석가모니 부처님께서 걱정하며 야단쳐도 소용없었기에 부처님께서는 대중을 떠나 멀리 홀로 숲속에 거주했다. 이 무렵에 말씀하신 게송이다.

096
도미노 현상

탐욕에 휘감겨 사는 중생이 포획망에 잡힌 토끼와 같다.

번뇌와 집착에 꽁꽁 묶이어

수많은 생을 윤회하면서 괴로움을 받고 있다.

탐욕에 휘감겨 사는 중생이 포획망에 잡힌 토끼와 같다.

자기의 욕망으로부터 벗어나고자 한다면,

그 뿌리를 뽑아 버려라.

#342~343

○

잘 세워진 도미노 군집에서 한 개의 도미노가 쓰러지면, 순차적으로 모든 것이 무너져 버린다. 인간의 탐욕과 욕심도 도미노와 같다. 단순하게 시작된 탐욕과 욕망이더라도 또 다른 탐욕과 욕망을 불러들여 절대로 멈춰지지 않는다. 혹 이전에 쌓아올린 자신의 업적과 명성까지 무너진다. 종종 연예인이나 유명인들이 마약이나 탐욕이 일으킨 실수로 영원히 매장되기도 하는 것과 같다.

3장

마음 속
탐욕에도
의연해져라

아함경

"욕됨을 참는 것이 진정한 용서이다"

《아함경》은 어떤 경전인가?

초기불교 경전은 대체로 아함이 중심이다. 북방불교(대승불교: 한국·중국·일본 등)에서는 '아함(Āgama)'이라 하고, 남방불교(상좌부불교: 태국·미얀마·스리랑카 등)에서는 '니까야(Nikāya)'라고 한다. 아함과 니까야는 내용에 유사성이 있지만 완전히 일치하지 않는다. 아함은 네 부류로 나뉘는데, 잡아함, 중아함, 장아함(대반열반경·육방예경 포함 등), 증일아함이다. 또 4아함 이외 소부경전이 있다. 참고로 남방불교는 옛날에 '소승(小乘)불교'라고 호칭했으나 근자는 이 단어를 쓰지 않는다. 이 책에서는 초기불교 사상인 아함부 경전 및 기타 경전의 내용을 참고한다.

이기고 지는 것에 집착 말라

부처님이 사위성 기원정사에 계실 때의 일이다. 걸식을 나갔다가 돌아온 비구들이 부처님께 이렇게 말했다.

"코살라국(파사익왕)과 마가다국(아사세왕) 사이에 전쟁이 일어났는데, 코살라국이 패해 파사익왕은 겨우 목숨을 건져 돌아갔습니다."

부처님께서 그 말을 듣고 이렇게 말씀하셨다.

"싸워서 이기면, 원수와 적만 더 늘어난다. 반대로 패하면, 괴로워서 누워도 편하게 잠을 자지 못한다. 이기고 지는 것을 다 버리면, 잘 때나 깨어 있을 때나 편안하다."

《잡아함경》

연기법 1

한 비구가 부처님을 찾아와 부처님께 예를 하고 물었다.

"세존이시여, 연기법(緣起法)이란 세존께서 만드신 겁니까? 다른 사람이 만든 겁니까?"

부처님께서 비구들에게 말씀하셨다.

"연기법은 내가 만든 것이 아니요, 어느 누가 만든 것도 아니다. 이 법은 여래가 세상에 출현하든 출현하지 않았든 간에 항상 법계(法界)에 있다. 저 여래는 이 법을 스스로 깨닫고 바른 깨달음을 이룬 뒤 모든 중생을 위해 분별해 연설하고 이렇게 드러내 보인다."

이것이 있으므로 저것이 있고,

이것이 생하므로 저것이 생한다.

이것이 없으므로 저것이 없고,

이것이 멸하므로 저것이 멸한다.

(차유고피유 차생고피생 차무고피무 차멸고피멸, 此有故彼有 此

生故彼生 此無故彼無 此滅故彼滅)

《잡아함경》

○

이 게송은 불교 사상을 상징하는 연기법의 대표 게송이다. 연기법은 부처님께서 성불하실 때 깨달음 그 자체라고 봐도 된다. 즉, 부처님께서 연기법을 깨달았다는 뜻이다. 타 종교에 창조설이 있다면, 그에 준하는 불교 교리는 연기법이다.

부처의 인생 조언

099
연기법 2

연기를 보는 자는 법을 보고,

법을 보는 자는 연기를 보는 것이다.

《중아함경》

○

부처님 재세 시 비구 바칼리는 부처님 뵙기를 간절히 원했다. 부처님께서 직접 바칼리를 찾아와 말씀하셨다. "바칼리여, 그대가 곧 썩어문드러질 이 몸을 봐서 무얼 하겠는가? 법(진리)을 보는 자는 나를 보고, 나를 보는 자는 법을 본다." 부처님께서 말씀하신 것을 정리하면, 법=연기=법신(法身, 진리를 인격화함)이다. 이렇게 연기 사상 그 자체가 불법을 대체할 만큼 불교의 대표 사상이다.

100
바로 지금에 살아라

전생의 일을 알고자 하는가?

지금 받고 있는 업이 이것이다.

다음 생의 일을 알고자 하는가?

지금 짓고 있는 행위가 다음 생의 과보이다.

《삼세인과경》

○

부처님은 업(25쪽 참고)에 관한 교설에서 업설을 인정하셨다. 노력과 정진은 의지의 자유를 인정하지만, 행위의 결과는 그 사람이 받지 않으면 안 된다. 업은 결코 숙명이나 우연히 일어난 것이 아니다. 현 삶에서 순간순간 선과 악 등을 선택함으로써 자신에게 주어진 것이 업이다. 이를 정리하면, 첫째, 우리의 행복과 불행은 자기 자신에 의해 결정되고, 업을 제어할 수 있는 능력 역시 자신이 가지고 있다. 둘째, 업의 본성은 공(空)하기 때문에 아무리 사악한 악업을 지었을지라도 선업과 청정한 수행으로 소멸시킬 수 있다.

101
"모든 것이 무상하니, 게으름 피우지 말라"

부처님께서 열반하기 전,

수많은 제자를 불러 놓고 말씀하셨다.

"비구들이여! 그대들에게 마지막으로 말하노라.

이 세상 모든 존재는 영원한 것이 하나도 없다(無常).

게으름 피우지 말고 열심히 정진해

꼭 수행을 완성토록 하여라."

《대반열반경》

○
부처님은 당시 제자들에게 있는 그대로(병들고, 늙으며, 죽는
것)를 보여 주셨고, 마지막으로 당부하신 말씀이 "무상하니,
열심히 정진하라"이다. 이런 점 때문에 불교를 '신의 종교'가
아닌 '인간의 종교'라고 한다.

102
카르페 디엠(Carpe Diem)

과거를 쫓지 말고,

아직 오지 않은 미래에 염려하지 말라.

과거는 이미 지나갔고,

미래는 아직 오지 않은 것.

오로지 현재 일어난 것들을 관찰하라.

어떤 것에도 흔들리지 말고,

그것을 추구하고 실천하라.

오직, 오늘 마땅히 할 바를 열심히 하라.

어느 누가 내일 죽음이 없다고 장담하겠는가.

늘 죽음과 마주치지 않을 수 없다.

《일야현자경》

ㅇ

죽음을 두려워하라는 뜻이 아니라, 현 삶이 얼마나 소중한지
인식하고 현재에 만족하라는 뜻이다.

적을 만들지 않아야 할 이유

남을 해치면 그대도 해침을 받게 되어 있고,

남을 원망하면 그대도 원망을 받는다.

남을 헐뜯으면 그대도 헐뜯음을 받게 되어 있으며,

남을 때리면 그대도 맞는다.

왜 이러한 인과법을 알려고 하지 않는가?

인생은 무상하고 촉박하건만, 왜 원수를 맺으려고 하는가?

《출요경》

○

《출요경(出曜經)》은 아함부 경전과 이외 초기 경전에서 부처
님의 말씀이나 게송 등을 간추려 모은 뒤 부연 설명한 경이다.

104
"불씨를 구해 오너라"

부처님께서 기원정사에 계실 때이다. 어느 과부가 오로지 아들 하나만 바라보고 살고 있었다. 과부에게는 아들이 삶의 목적이자 희망이었다. 그런데 어느 날부터 아들이 시름시름 앓더니, 삶을 마감했다. 그 과부는 미친 듯이 아들의 시신을 품에 안고 돌아다녔다. 그 모습이 안타까워 어떤 사람이 말했다.

"저쪽 기원정사라는 사찰에 가면 석가모니 부처님이 계시는데, 혹 그분이라면 당신의 죽은 아들을 살릴 수 있을지 모르겠군요. 한번 가보시지요."

과부가 찾아오자, 부처님께서 말씀하셨다.

"네가 아들을 살리고자 한다면 내가 말한 대로 하거라. 저기 마을로 들어가 죽은 사람이 한 사람도 없는 가정에서 불씨를 구해 온다면 네 아들을 살려 주겠다."

여인은 아들을 살릴 수 있다는 말에 불씨를 구하고자 온 마을을 쏘다녔다. 그런데 불씨를 구할 수 없었다. 어느 집이든 사람이 죽지 않은 집이 없었기 때문이다. 여인은 부처님께 되돌아와 불씨를 구하지 못했다고 말했다. 부처님께서 여인에게 말씀하셨다.

"사람은 살면서 네 가지를 면할 수 없다. 이 세상 모든 것은 영원하지 않은 것이오, 아무리 부귀하더라도 반드시 빈천해지는 것이며, 어떤 것이든 모이면 흩어지고, 건강한 육신을 가진 사람도 때가 되면 반드시 죽게 마련이다."

이 여인은 그제야 부처님 말씀을 이해하고, 무상(無常)의 진리를 깨달았다. 이후 그는 출가해 비구니가 되었다.

《출요경》

○
여인은 출가해 '끼사고따미'라고 하였다. 끼사고따미와 관련된 내용은 《법구경》을 비롯해 여러 경전에 중복되어 나타나 있다(117쪽 참고).

105
세상 만인은 평등하다

부처님께서 왕에게 말씀하셨다.

"사성(四姓, caste)은 모두 평등한 것으로 차별이 없다. 네 종류의 계급은 평등한 것이요, 잘나고 못난 차이는 있을 수 없다. 사성은 세간에서 차별 지어낸 말뿐이지, 중생은 실제 업에 의해 출생한다. 대왕이여, 혹시 어떤 바라문이 도둑질을 하였다면 어떻게 처벌하십니까?"

"설령 바라문(제사장 계급)이라고 할지라도 벌을 내리고, '도둑놈'이라고 부를 것입니다."

"찰제리(왕족 계급)가 도둑질을 하면 어떻게 합니까?"

"찰제리도 바라문과 똑같은 벌을 줍니다."

"대왕이여, 사성은 평등한 겁니다. 거기에 무슨 차별이 있겠습니까? 그러니 대왕이여, 분명히 알아야 합니다. 진실로 인간은 잘나고 못나고의 차이는 없습니다. 다만 업에 의할 뿐입니다. 그러니 바라문 그들 스스로가 '자신들은 제일 잘난 사람이고, 다른 사람은 하열한 인간이다. 자

부처의 인생 조언

신들은 살결이 희고 청정하며, 다른 사람은 검고 청정하지 못하다'라고 하는 말은 세간의 말일 뿐이요, 실제는 업에 의해 생을 받습니다. 바라문이라도 나쁜 업을 지으면 지옥에 떨어질 것이요, 천민이라도 선업을 지으면 하늘세계에 태어납니다. 사성은 평등한 것이요, 잘나고 못난 차이는 없는 법입니다."

《잡아함경》

○
인도의 계급 제도(29쪽 참고)를 말한다. 인도 성전 베다(Veda)에는 "하얀 피부색을 가진 아리아인은 정복자이고, 피부가 검고 코가 납작한 사람은 피정복자"라는 언급이 있다. 옛날에 카스트를 나타내기 위해 그렸던 이마의 표식도 브라만은 흰색, 수드라는 검은색이었다. 즉, 상층 계급인 바라문을 표현할 때 '얼굴이 희다(白)'라고 하고, 천민 계급을 '얼굴이 검다(黑)'라고 하였다. 이처럼 인도에서 흰 것은 상서롭거나 좋은 가문을 표현하고, 반대로 검은 것은 상서롭지 못하다고 표현하였다.

106
목마를 때를 대비하라

미래 인생에 대해서 미리 준비하라.

그대 인생에 해야 할 일을 살펴보고, 당황하지 말라.

인생에 닥칠 미래를 미리 준비하는 사람은

미래가 닥쳐왔을 때 당황하지 않는다.

《본생경》

○

부처님께서는 제자들에게 노력을 강조하면서 이런 유사한 말
씀이 많이 하셨다. 《밀린다왕문경》에도 "목마를 때를 대비해
미리 우물을 파놓아야 한다"라는 말씀이 있다. 때에 닥쳐서 노
력하는 것은 게으른 것이니 미리부터 준비해 노력하는 일이
중요하다는 뜻이다. 참고로 《밀린다왕문경》은 기원전 2세기
후반에 편찬된 경전으로, 인도 나가세나 스님과 그리스 밀린
다 왕과의 대화 형식으로 된 경전이다.

107
타인을 지적할 때 기억할 것

사리불이 부처님께 질문했다.

"남의 잘못을 들추어 내야 할 때는 어떻게 하면 마음이 평
온한 상태로 머물 수 있습니까?"

부처님께서 대답하셨다.

"남의 잘못을 들출 때는 다섯 사항을 늘 염두에 두어라.

첫째, 들추려는 잘못이 진실한지 반드시 확인해야 한다.

둘째, 그 시기가 적절한지 고려해야 한다. 셋째, 그 이치가
상대방이나 제삼자에게도 이익이 있어야 한다. 넷째, 부
드럽고 조용하며 시끄럽게 하거나 까다롭지 않아야 한다.

다섯째, 사랑하는 마음을 꾸준히 유지하며 화를 내지 않아
야 한다."

《잡아함경》

시기심이 모두를 죽인다

새 한 마리가 있었는데, 이 새는 아름다운 목소리를 갖고
있으며 히말라야 기슭인 정토에 산다. 그 새는 매우 특이
했다. 몸은 하나인데 머리가 두 개인 새로, 두 생명이 서로
붙어 있어 공생조(共生鳥)·상생조(相生鳥)라고 한다.

두 머리를 가진 새의 한 머리는 낮에 일어나고, 다른 머리
는 밤에 일어나는 등 일상이 달랐다. 그러다 보니 다투는
일이 점점 잦아졌다. 한 머리가 몸을 위해 항상 좋은 열매
를 챙겨 먹자, 다른 머리가 질투심을 가졌다. (시기심에 가
득 찬) 머리의 새는 언제고 보복하기 위해 벼르고 있다가,
독이 든 열매를 몰래 먹었다. 결국 독이 온몸에 퍼져 두 머
리를 가진 새는 죽게 되었다. 시기심으로 심술을 부렸다가
상대방은 물론이요 자신까지 함께 죽은 것이다.

《불본행집경》

○

대학 교수들이 2020년의 사자성어로 '공명지조(共命之鳥)'를 발표했었다. 함께 죽음을 자초한 공멸(共滅)이라고 볼 수 있는데, 상대에게 양보·배려했다면 공생(共生)이 되었을 것이다. 경북 김천 직지사에 가면 지옥과 극락을 대비하여 공생을 상징하는 그림이 있다. 지옥에 떨어진 많은 사람이 길이가 매우 긴 숟가락으로 음식을 먹으려고 한다. 그런데 음식을 뜰 수는 있지만, 숟가락이 길어 아무리 노력해도 자기 입에 넣지 못한다. 결국 음식을 앞에 두고 숟가락질이 어려워 배를 곯는다. 그런데 극락(천국)을 표현하는 그림에도 이런 내용이 있다. 숟가락이 길어 자기 입에 음식을 넣을 수가 없자, 긴 숟가락으로 다른 사람 입에 음식을 먹여 준다. 상대방도 긴 숟가락으로 다른 사람의 입에 넣어 준다. 긴 숟가락으로 서로가 서로를 먹여 주니 즐겁게 웃으면서 행복하게 밥을 먹는 장면이다. 상대에게 심려(心慮)를 끼치는 것이 아니라 배려(配慮)하는 것이 극락의 조건인 셈이다.

향 싼 종이와 생선 싼 종이

부처님과 여러 제자들이 함께 기사굴산에서 사찰로 돌아오는 중이었다. 부처님께서 한 비구에게 길가에 떨어져 있는 종이를 주우라고 하면서 물으셨다.

"그것이 무엇에 사용했던 종이 같으냐?"

"향을 쌌던 종이입니다. 향 냄새가 남아 있습니다."

부처님과 일행이 길을 더 가다가 이번에는 새끼줄 토막을 보고 물었다.

"그 새끼줄이 무엇에 쓰던 물건인가?"

비구는 얼굴을 찌푸리며 말했다.

"생선을 묶었던 새끼인 것 같습니다. 여전히 비린내가 납니다."

그러자 부처님께서 다음과 같이 말씀하셨다.

"사람은 원래 깨끗하지만 모두 인연을 따라 죄와 복을 부른다. 지혜로운 사람을 가까이 하면 최상의 진리를 얻을 수 있고, 어리석은 이를 가까이 하면 재앙이 오는 법이다.

향 싼 종이에서 향 냄새가 나고, 생선을 묶었던 새끼는 비린내가 나는 것과 같다. 사람도 이렇게 주변 사람들로부터 조금씩 물들어 간다는 것을 잊지 말라."

《법구비유경》

○

사람은 시나브로 옆 사람에 의해 물들어 간다.

110
좋은 벗이란

첫째, 그대가 잘못된 행동이나 말을 했을 때 일깨워 주는 친구여야 한다.
둘째, 그대에게 좋은 일이 생겼을 때 마음속으로 함께 기뻐해 주는 친구여야 한다.
셋째, 그대가 괴로움에 처했을 때 그대를 저버리지 않는 친구여야 한다.

《인과경》

111
좋은 부모라면

부모로서 해야 할 일 다섯 가지가 있다.

첫째는 아이를 사랑스럽게 생각하는 것이고,

둘째는 대 주어서 모자람이 없게 하는 것이며,

셋째는 자식이 빚지지 않게 하는 것이고,

넷째는 적당한 때를 맞추어 결혼 시키는 것이며,

다섯째는 가진 재물을 자식에게 유산 상속하는 것이다.

《중아함경》

탐욕의 부작용

탐욕이란 때맞추어 오는 비처럼
자꾸 자꾸 자라서 만족할 줄 모른다.
즐거움(수행이나 명상을 통해 얻는 행복)은 적고
괴로움만 많으니,
지혜로운 사람은 그것을 관조(觀照)하고
떨쳐 버리려 한다.

《증일아함경》

113

삶의 지혜와 수행이 다르지 않다

천안제일 아나율 존자가 수행자로서 지켜야 할 여덟 가지 여법한 행을 사유한 뒤, 부처님께 의견을 여쭈었다.

"부처님, 수행자가 갖춰야 할 여덟 가지 요건을 저는 이렇게 생각합니다. 첫째, 현 가진 것에 만족할 줄 아는 수행자(지족자, 知足者), 둘째, 고요한 곳에 머물러 평온을 유지하는 수행자(한거자, 閑居者), 셋째, 탐욕심을 여의는 수행자(소욕자, 小欲者), 넷째, 계(戒)를 잘 지킨다, 다섯째, 선정(定) 삼매를 유지한다, 여섯째, 지혜(慧)를 얻는다, 일곱째 진리를 많이 듣는다, 여덟째, 늘 열심히 노력하는 수행자! 부처님 저는 이 여덟 가지 사항을 늘 지키도록 하겠습니다."

《증일아함경》

○
천안제일 아나율 존자는 잠을 자지 않고 수행을 열심히 해서 앞을 보지 못하는 장애인이 된 분이다. 아나율은 석가모니 부처님과 출가 전 사촌 형제이다.

114
인색하지 말라

어리석은 사람은 지혜도 없고 깨닫는 바도 없어서, 재산을 쌓아 두고 자기도 쓰지 못하고 남에게도 베풀지 못한다. 이런 사람은 어리석음 가운데 가장 큰 어리석은 자이다. 사람이 재물을 갖고 있으면, 첫째는 주변에 보시하고, 둘째는 자기를 위해 써야 한다. 어리석은 사람은 자기에게 쓰지 못하고, 남에게 보시도 못한다. 자기도 쓰지 않는 것은 바로 인색하기 때문이다. 그 인색함이 마음의 근원 자리를 속박하고 있으니 스스로 풀 수도 없고 풀리지도 않는다. 어리석은 사람은 재물을 탐하고 애착하기 때문에 이것을 버리지 못한다. 반면 지혜로운 사람은 탐욕을 내려놓고, 마음을 고요하게 한다.

《출요경》

부처의 인생 조언

○

종교를 떠나 의미심장한 말씀이다. 물론 여기서 "자기를 위해서 쓰지 못한다"라는 것은 여러 가지로 생각할 수 있다. 각자의 가치관대로 해석하겠지만, 공통으로 느끼는 것은 비슷할 것이다. 꿀벌은 하루 종일 이 꽃, 저 꽃을 돌아다니며 꿀을 채취한다. 그 꿀벌은 생의 모든 것을 걸고 꿀을 모으기 위해 수고한다. 꿀벌은 누구를 위해 그런 고생을 하는 걸까? 우리 인생도 그런 것은 아닐까? 힘들게 쌓은 재산과 명예가 과연 누구를 위한 것인가?

인생 최고의 가치는 건강

옛날 두 상인이 위험을 무릅쓰고 먼 곳으로 장사하러 갔다가 많은 돈을 벌어 고향에 돌아왔다. 그런데 그 중 한 상인이 갑자기 중병에 걸려 병을 고치고자 힘들게 벌어온 돈을 모조리 써 버렸다. 점차 병이 깊어져 병도 못 고치고 생활마저 궁핍해졌다.

그런데 다른 한 상인은 육신이 건강해서 벌어 놓은 재산을 그대로 가지고 있으면서도 늘 이렇게 푸념하였다.

"내가 지금 가지고 있는 재산이 얼마 안 되는데, 어떻게 투자하면 돈을 더 늘릴 수 있을까?"

이 말을 듣고 마을의 한 어른이 그에게 말했다.

"그대는 지금 병이 없고 건강합니다. 그런데 재물을 더 얻지 못했다고 자꾸 한숨만 쉬고 있으니 보기에 안타깝습니다. 육신이 있고 목숨을 보전하는 것이 보배 중의 가장 큰 보물입니다. 욕심을 버리십시오."

《출요경》

○

《법구경》#204에서도 "우리가 소유한 것 가운데 건강은 최상의 큰 이익이요, 만족은 가장 큰 재산이다"라고 하였다(101쪽 참고). 이 게송은 석가모니 부처님께서 당시 사위국의 파사익 왕이 매우 비만해서 국정을 제대로 다스리지 못할 때 하신 말씀이다. 건강이 최고의 은혜로운 일이다. 건강을 잃으면, 모든 것을 잃는다.

116
활인검 살인도

'감로(甘露, sweet)'와 '독약(毒藥, poison)'은

모두 사람의 혀 안에 있다.

감로는 곧 진실한 말이요, 독약은 거짓말이다.

만약 누구든 감로가 필요하다면, 곧 진실한 말을 하라.

혹 독약이 필요하다면, 곧 거짓말을 일삼아라.

독약은 반드시 사람을 죽이지 못하지만,

거짓말은 사람을 죽일 수도 있다.

거짓말은 자기 자신에게도 이롭지 못할 뿐만 아니라

다른 사람에게도 해로운 것이다.

자신과 상대방에게 이롭지 못하거늘

무엇 때문에 거짓말을 일삼는가?

《정법염처경》

○

독약을 마셨다고 사람이 다 죽지 않지만, 거짓말로는 사람을 죽게 만들 수도 있다는 것! 어느 과학 실험에 이런 내용이 있다. 어떤 사람을 한 공간에 유폐시킨 뒤 인격적인 악담을 퍼부었다. 화가 치솟을 만큼 오른 그 사람의 타액을 검사했더니 황소를 즉사시킬 만큼의 독극물이 검출되었다. 그렇다면 반대는 어떨까? 유쾌하고 호탕하게 웃는 사람의 뇌를 조사해 보니 독성을 중화하고 나쁜 암세포를 파괴하는 호르몬이 다량으로 분비되었다는 결과가 나왔다. 암환자에게 코미디 프로를 줄곧 시청하게 하자 병이 호전되던 이론이 틀린 것이 아니었던 것이다.

불교에서 마음을 '활인검(活人劍) 살인도(殺人刀)'에 비유한다. 칼로 수술해 사람을 살릴 수 있지만, 죽일 수도 있다는 것이다. 혀에서 나오는 언어도 마찬가지다. 혀를 통해 나오는 언어로 좋은 말만 한다면 사람을 살리지만, 악하게 쓰면 사람을 죽게 할 수도 있다. 그러니 말 사이사이에 진실을 담아 좋은 말만 하자!

부처님이 제시하는 삶의 길

부처님과 제자들이 유행하는 중에 파탈리 마을에 도착했다. 그 마을의 신자들이 부처님께 찾아와 이곳에서 며칠간 머물면서 설법해 줄 것을 청했다. 부처님께서 그들에게 말씀하셨다.

"재가자들이여(일반 사람들)! 세상을 살면서 바르게 살지 않고, 그릇된 행동을 하는 사람에게는 다섯 가지 재난이 따른다.

첫째, 인간으로서 청정하게 살지 못하는 사람은 반드시 방종한 생활을 하게 되고 모든 재산을 탕진하는 재난이 찾아온다.

둘째, 그릇된 행동을 하는 사람은 반드시 나쁜 평판이 따라다닌다.

셋째, 청정하게 살지 않고 악한 행동을 하는 사람은 스님이나 성직자를 만나면 두려움과 동시에 부끄러운 생각이 들게 된다.

넷째, 옳지 못한 행위를 하는 사람은 마음이 미혹되고 어지러운 상태로 죽음을 맞이하게 된다.

다섯째, 올바르게 살지 않는 사람은 죽어서 다음 세상에 태어날 때, 지옥·축생 세계 등 악도에 태어난다.

반대로, 청정하게 살고 선행을 실천하는 사람은 재산이 늘어나고 좋은 명예를 얻는다. 또한 스님이나 성직자를 만나더라도 부끄러움이 없고 당당하며, 죽을 때 평온한 마음으로 죽음을 맞이해서 다음 세상에 하늘에 태어나든지 사람으로 태어나면 좋은 부모를 만나게 된다."

《대반열반경》

○

첫 줄에 나오는 '유행(遊行)'이란 부처님 당시에 맨발로 다니면서 나무 밑에서 잠을 자고, 탁발해서 사람들에게 밥을 얻어먹으며, 중생에게 법을 설해 주던 것을 말한다. 인도의 여름 3개월간 비가 많이 오는 우기에만 사찰에서 수행했다. 이 제도를 '안거(安居)'라고 한다. 안거 이외에는 유행을 하였다.

118
나를 소중히 여겨라

부처님께서 사위성 기원정사에 계실 때의 일이다. 코살라 국의 파사익왕이 왕비 말리부인에게 물었다.

"그대는 이 세상에 가장 소중한 것이 무엇입니까?"

왕은 '제게는 대왕이 가장 소중한 존재'라는 답변을 기대했을 것이다. 그런데 왕비는 뜻밖의 대답을 하였다.

"대왕이시여! 제게는 저 이상으로 소중한 것이 이 세상에 아무 것도 없습니다."

왕은 수긍하면서도 조금 미심쩍었다. 며칠 뒤, 왕은 부처님을 만났을 때 왕비가 말한 것이 옳은지를 물었다. 부처님께서는 그 말이 옳다고 하면서 이렇게 말씀하셨다.

"마음속 어느 곳을 찾아보아도 자신보다 더 소중한 것은 이 세상에 없다. 내가 이러하듯 다른 사람도 똑같은 생각을 할 것이다. 제 몸을 아끼고, 자기를 사랑하는 사람은 절대 남을 해쳐서는 안 된다."

《출요경》

119
내 자식만 귀한 것이 아니다

고대 인도에 아기를 잡아먹는 포악한 야차녀(夜叉女, 귀신의 일종)가 있었다. 그는 동네에서 갓난아기들을 잡아먹고 있었다. 야차녀에게 자식을 잃은 여인들은 비통해 하며 부처님께 와서 하소연을 하였다. 부처님은 야차녀의 버릇을 고치고자, 그 자식 가운데 막내를 숨겼다. 야차녀가 집으로 돌아와 막내가 없는 것을 보고서 아기를 찾아다니다 부처님 계신 곳에 이르렀다. 야차녀는 부처님께 "아기를 하나 잃어버렸는데 제발 찾아 달라"라며 간청했다. 부처님께서 야차녀에게 아기를 되돌려 주며 말씀하셨다.

"너의 많고 많은 자식 중에 겨우 한 명을 잃었는데도 몹시 슬퍼하는구나. 너는 자식 하나를 잃고도 이렇게 슬퍼하는데, 너에게 자식을 잡아먹힌 부모의 마음은 어떠하겠느냐? 너의 아기가 소중하듯 다른 여인들의 아기도 매우 소중한 법이다."

《출요경》

120
세상에서 가장 소중한 인연

부처님께서 사위성 기수급고독원에 계실 때, 비구들에게
말씀하셨다.

"세상 사람 가운데, 단 두 사람에게는 많은 것을 베풀고 좋
은 일을 하여도 은혜를 다 갚을 수 없다. 그 두 사람이란 바
로 어머니와 아버지이다.

비구들이여! 가령 어떤 사람이 왼쪽 어깨에 아버지를 얹
고, 오른쪽 어깨에 어머니를 얹고 다니면서 천만 년 동안
의복·음식 등으로 베풀고, 병이 났을 때 치료해 준다고 해
도 은혜 갚는 것은 어려운 일이다. 혹 부모가 노망으로 인
해 그대의 어깨와 등에 대소변을 본다고 해도 은혜를 다 갚
는 것이 아니다.

비구들이여! 반드시 알아야 한다. 부모의 은혜는 매우 위
대하다. 우리들을 안아 길러 주셨고, 수시로 보살펴 시기
를 놓치지 않고 병을 살펴 주셨기에 저 해와 달을 볼 수 있
는 것이다. 이렇게 부모의 은혜가 막중하기 때문에 부모의

부처의 인생 조언

은혜 갚는 것은 참으로 어려운 일이다.

그러니 비구들이여, 너희들은 마땅히 부모에게 공양해야 할 것이요, 항상 효도하고 순종하여 그 시기를 놓치지 않아야 한다."

《증일아함경》

○

기원후 67년에 처음으로 불교가 중국에 유입된 이래 유교와 부딪히면서 종종 법난(法難)이 일어났다. 지배층과 유학자 들은 승려들이 출가하면서 부모를 떠나고 삭발하는 점을 문제 삼았다. 게다가 승려들이 농사를 짓거나 직업을 갖지 않는 것에도 반감을 갖고 있었다. 그러나 사실 부처님 말씀에 효와 관련된 내용이 적지 않으며, 불교사에 부모를 모시고 살았던 스님들도 많다. 부모에게 행하는 효를 강조하는 백중(음력 7월 15일)은 동아시아 사찰의 1년 행사 가운데 큰 의식이다. 참고로 중국 역사에서 불교는 유교·도교보다 문화적으로나 정신적으로 월등한 위치에 있다.

121
주변 모든 인연에 감사하라

'선생'이라는 한 남자는 부모가 돌아가신 뒤, 부친의 유언에 따라 여섯 방위에 절을 하였다. 부처님께서 그 모습을 보고 "왜 절을 하느냐?"라고 물었다. 선생이 "돌아가신 아버지가 그렇게 하라라고 해서 습관으로 한다"라고 답하자, 부처님께서 이런 말씀을 하셨다.

"그렇게 하는 절은 의미가 없다. 앞으로는 동쪽을 향해서 절을 할 때는 부모가 계신다고 생각하고 절을 하라. 또 남쪽에는 스승이 계신다고 생각하며 절하고, 서쪽에는 배우자와 자식이 있다고 생각하고 절하며, 북쪽에 절을 할 때는 친척이 있다고 생각하고 절하며, 아래쪽을 향해 절할 때는 하인이나 고용인이 있다고 생각하고 절하고, 위쪽을 향해 절할 때는 승려·성직자·선지식이 있다고 생각하고 예배하여라."

《육방예경》

○

《육방예경(六方禮經)》은 장아함부 경전에 속해 있는 경전이다. 이 경전은 일반 사람들이 지켜야 할 실천 윤리를 설하고 있으며, 무엇보다도 주변 모든 사람의 인연을 생각하면서 감사하는 마음을 담으라는 부처님 말씀이다. 특히 이 경전 내용에서 주목할 부분은 "하인이나 고용인에게 늘 감사하다고 절하라"라는 부분이다. 오늘날은 갑질이 번연한 시대이다. 고대 인도 사회라고 그런 점이 없었겠는가? 게다가 인도는 계급 사회가 아닌가? 자신이 갑이라고 하여도 어떻게 행동하는 것이 옳은지에 대한 조언이 된다.

122
부모와 자식

부처님께서 선생에게 말씀하셨다.

"선생아! 자식으로서 부모를 이렇게 섬기고 모셔야 한다. 공양에 모자람이 없게 하고, 무릇 할 일이 있으면 먼저 부모에게 아뢰며, 부모의 말씀에 순종하고, 부모의 직업을 이어 가문을 빛내는 일이다.

부모는 자식을 이렇게 사랑해야 한다. 자식의 악한 행동을 막는 것이고, 훈육하며, 그 사랑이 뼛속까지 스며들게 하는 것이고, 자식을 위해 좋은 배필을 구해 주는 것이며, 꼭 필요한 때에 경제적인 뒷받침이 되어 주는 것이다.

자식이 부모에게 공손하면 그는 안온하여 걱정이나 두려움이 없을 것이다."

《육방예경》

○

중국에서는 고대부터 1900년까지 '부모의 권리'라고 하여 친권처분(親權處分) 선고가 있었다. 자식이 불효하면 관가에 고발해 사형까지 내리는 것을 말한다. 부모가 차마 고발까지 하지 않아도 불효하면 주변에서 고발해 처벌받게 하였다. 그러던 중국이 사회주의 국가가 되면서 유교 의식이 무너졌다. 국가 이념을 강조하는 데다 하나뿐인 자식이 효를 하지 않기 때문이다. 급기야 20여 년 전, 효를 광고까지 하였다. 우리나라는 어떤가? 약 2,600년 전 부처님 말씀이 어찌 고리타분한 진리라고 할 수 있으랴?

123
이런 친구는 멀리 하라

부처님께서 선생에게 말씀하셨다.

"착한 척하며 가까이 하려는 자들이 있는데, 이 행동에 네 종류가 있다.

첫째, 두려워하는 척하며 엎드리는 사람이다. 주었다가 빼앗는 사람, 조금 주고 많이 바라는 사람, 두려워하면서도 억지로 친한 척하는 사람, 자신의 이익을 위해 친한 척하는 사람이다.

둘째, 미사여구를 잘 활용하는 사람이다. 선과 악을 모두 따르며 자신의 의사가 분명치 않은 사람, 어려우면 내치는 사람, 앞에서 착한 척하면서 몰래 훼방 놓는 사람, 불이익이 생길 것 같으면 태도를 바꾸는 사람이다.

셋째, 공경하고 순종하는 척하는 사람이다. 속이기를 밥 먹듯 하는 사람, 작은 허물에도 몽둥이를 들거나 때리는 사람이다.

넷째, 악한 벗이니라. 술 마실 때만 친구인 사람, 도박할 때

에만 벗인 사람, 음행을 함께하자고 부추기는 사람, 방탕한
일에만 친구하는 사람이다."

《육방예경》

스승과 제자

부처님께서 선생에게 말씀하셨다.

"제자는 스승을 예경하고 존중하며, 스승의 가르침을 공손하게 받아들여 그릇됨이 없이 행하고, 스승의 가르침을 잊지 않아야 한다.

스승은 제자에게 진리에 따라 지도하고, 알지 못하는 것이 있으면 친절히 가르쳐 주며, 물음이 있으면 그 뜻을 잘 설명해 주고, 훌륭한 벗을 소개해 주며, 가르치는 일에 인색하지 않아야 한다."

《육방예경》

○
근자 학생 인권이 강조되다 보니 선생들의 교육이 쉽지 않은 세상이다. 선생의 인권도 함께 존중해 주지 않는다면, 선생들은 '진정한 교육자'가 아니라 월급쟁이 교사로 전락한다.

125
고용주와 고용인

"주인(고용주)은 다섯 가지 사항으로 아랫사람(고용인)을 가르쳐야 한다.

능력에 따라 일을 부여하고, 음식이 부족하지 않게 베풀며, 실적을 쌓은 만큼 보상을 주고, 병나면 약을 지어 주며, 장기간 쉴 수 있도록 휴가를 주어야 한다.

아랫사람도 그 주인을 공손히 섬겨야 한다. 주인보다 뭐든 일찍 서두르고, 일할 때는 열심히 빈틈없이 일을 처리하며, 주지 않는 것을 절대 취하지 말고, 일의 순서를 잘 파악하며, 주인의 명예를 빛내야 한다."

《육방예경》

4장

집착을
내려놓으면
잔잔해진다

금강경

"과거, 현재, 미래 중 어디에 마음을 찍을 것인가"

《금강경》은 어떤 경전인가?

　《금강경(金剛經)》 경전의 온전 명은 《금강반야바라밀경(金剛般若波羅蜜經)》이다. 《금강경》은 대승불교 반야부 경전 가운데 대표 경전이다. 우리나라에 유통되는 구마라집(344~413) 번역본으로, 동아시아불교 국가들이 똑같은 양상이다. 우리나라 장자격인 대한불교조계종의 소의(所依) 경전이다. 우리나라 불자들에게 기도로나 공부로나 애독되는 대표 경전이다.

어떤 마음 자세로 살아야 하는가

수보리의 질문

그때 장로 수보리가 대중 가운데 있다가 자리에서 일어나 오른쪽 어깨를 드러내고, 오른쪽 무릎을 땅에 댄 뒤에 합장 공경하였다. (수보리가) 부처님께 이렇게 사뢰었다.

"희유하십니다. 세존이시여! 여래께서는 모든 보살을 잘 호념해 주시고, 모든 보살을 잘 부촉하십니다."

"세존이시여! 선남자선여인이 최상의 깨달음을 얻고자 하는 마음을 내었다면, 어떤 마음을 가져야 하며, 어떻게 그 (번뇌)를 다스려야 합니까?"

2품

○

2품에서 수보리 존자가 부처님께 질문하는 두 가지는 《금강경》의 주제로서 경 전체를 일관하는 사상이다. 두 질문은 《금강경》이 설해지는 동기에 해당될 만큼 중요한 구절이다. '어떻게 살아야 하는가?(應云何住)', '어떻게 그 마음을 다스려야 하는가?(云何降伏其心)'로 번역하고 있다.

《금강경》은 선(禪)의 소의경전으로, 마음의 두 가지를 구축점으로 한다. 즉, 심(心)에 있어 보리심(菩提心)과 그 반대 개념인 번뇌심(煩惱心)이다. 경전에서는 '보리심을 일으킨 대승의 보살이 어떤 마음을 가지며, 어떻게 그 번뇌를 다스려야 하는가?'로 문제를 상정하였다. 즉, 어떻게 번뇌심에서 보리심으로 전환하며, 평소 어떤 마음가짐으로 살아야 하는가를 묻는 것이다. 《금강경》에서 무주상(無住相) · 무주심(無住心)이라고 말하지만, 이는 '집착 없고 분별심 없는 청정한 마음을 가지라'라는 뜻이다.

127
더불어 함께 사는 것이 최선이다

부처님의 답 ①

부처님께서 수보리에게 말씀하셨다.

"모든 보살은 응당히 그 (번뇌로운) 마음을 이와 같이 다스려야 한다. 일체 중생의 종류인 난생·태생·습생·화생·형상이 있는 것·형상이 없는 것·생각이 있는 것·생각이 없는 것·생각이 있는 것도 아니고 없는 것도 아닌 (아홉 종류) 등의 중생을 내가 다 최상의 열반에 들어 멸도하도록 제도하리라.

이와 같이 무량무수 무변한 중생을 멸도에 들게 했지만, 실제로는 한 중생도 멸도에 든 중생이 없다. 수보리야, 만약 보살이 아상·인상·중생상·수자상이 있다면 보살이 아니기 때문이다."

3품

부처의 인생 조언

○

3품 전체 내용은 앞 2품에서 수보리가 질문한 것 가운데 '어떻게 그 마음을 다스려야 하는가?(운하항복기심)'에 대한 답이다. 대승불교의 바른 종지(宗旨)를 드러낸다. 그 답은 모든 중생들을 인도하되 인도했다는 관념을 갖지 않는다는 것이다. 즉, 내가 중생을 제도했다는 착각이나 관념을 두지 않아야 진정한 수행자(보살)라고 하는 것이다. 여기서 아상·인상·중생상·수자상을 '4상(四相)'이라고 하는데, 이 상만 없어도 부처가 될 수 있다고 말한다.

관념을 두어서는 안 된다

부처님의 답②

부처님께서 수보리에게 말씀하셨다.

"또 수보리야, 보살은 어떤 대상(법)에도 집착하지 않고, 보시해야 한다. 형상에 집착하지 않고 보시해야 하며, 소리·냄새·맛·감촉·법에 집착하지 않고 보시해야 한다.

수보리야, 보살은 응당히 이와 같이 보시하되 대상에 집착해서는 안 된다. 만약 보살이 대상에 집착하지 않고 보시한다면 그 복덕은 헤아릴 수 없느니라."

4품

○

이 4품 전체 내용은 앞 2품에서 수보리 존자가 질문한 '어떻게 살아야 하는가?(응운하주)'에 대한 답이다. 지금 부처님께서는 '수행자는 사람들한테 베풀 때, 무엇인가 되갚음을 바라거나 자신이 베풀었다는 관념을 두지 않고 베풀어야 한다(無住相布施)'라고 대답하는 것이다. 이런 마음으로 보시를 실천하면 매우 큰 복덕을 받는다는 내용이다. 즉, 대가를 바라지 않고 베푸는 행위를 '무주상보시'라고 하며 강조한다. 《마태복음》에서 "오른손이 하는 일을 왼손이 모르게 하라"라고 한 것과 같은 사상이다.

129
참모습을 보아라

부처님께서 말씀하셨다.

"수보리야, 어떻게 생각하느냐? 몸의 형태로서 여래를 볼 수 있는가?"

"아닙니다. 세존이시여! 몸의 형태로서 여래를 볼 수 없습니다. 여래께서 말씀하신 몸의 형태란 몸의 형태가 아니기 때문입니다."

부처님이 수보리에게 말씀하셨다.

"무릇 모든 상은 다 허망하다. 만약 모든 상을 상 아닌 것으로 볼 줄 안다면, 참 여래를 만날 수 있으리라."

(범소유상 개시허망 약견제상비상 즉견여래, 凡所有相 皆是虛妄 若見諸相非相 則見如來)

5품

부처의 인생 조언

○

"청동으로 만든 부처는 용광로를 지나지 못하고, 목불(木佛)은
불을 지나지 못하며, 진흙 부처는 물을 지나지 못하는 법이다
(金佛不度爐 木佛不度火 泥佛不度水)." 영원한 것이라면 그 형
체가 그대로 존재해야 한다. 모든 만물은 일정한 조건에 따라 변
하게 되어 있는 무상한 것이다. 이에 형상에 집착해 그것이 최상
이고, 최고라는 분별심을 갖지 말라는 뜻이다.

130
최고라고 고집하지 말라

부처님께서 말씀하셨다.

"이 모든 중생이 혹 상(相)을 갖고 있으면 상에 집착하는 것이고, 혹 법상(法相)을 갖고 있어도 4상(아상·인상·중생상·수자상)에 집착하는 것이며, 혹 비법상(非法相)을 갖고 있어도 4상에 집착하기 때문이다. 그러니, 응당히 법에 집착하지 말고, 비법에도 집착하지 말라. 그러기 때문에 여래가 늘 이렇게 말하지 않았느냐? 그대들은 나의 설법을 뗏목과 같이 여길지니라. 법도 오히려 버려야 하거늘 어찌 하물며 법 아닌 것이겠는가?"

6품

○

경전은 상 → 법상 → 비법상으로 전개되어 간다. 곧 '그 어느 것이든 최상의 법이다'에 빠지지 말 것을 강조한다. 그래서 부처님은 당신께서 말한 법문조차 최고라고 고집하지 말라고 하였다. 부처님은 제자들에게 설한 법조차 강을 건너는 뗏목이나 다름없는 것으로 여기라고 하였다.

부처의 인생 조언

131

참된 무아란

"무아법을 통달했을 때, 여래는 이런 이를 참다운 보살이라고 한다."

17품

○

무아 사상을 말한다(115쪽 참고). 무아 사상은 '나'라는 존재를 해체하고 분해해서 볼 때 나라고 인정할 만한 조건은 곧 5온의 한 작용에 불과하고, 4대로 뭉쳐진 것에 불과하다는 것이다. 그러니 나라는 존재를 어떤 형태로 설명할 수 있겠는가? 이는 곧 무상(無常)하기 때문이다. 마음도 몸도 순간순간 변해간다. 어느 순간을 잡아서 '나'라고 정의할 수 없다. 초기불교의 무아는 대승불교에서 공(空) 사상으로 발전한다. 우리나라에 유통되는 대승불교 경전에 나타난 공 사상은 무아의 연장으로 보면 된다.

132
머물러 있는 자리에서 집착 없이

부처님께서 수보리에게 말씀하셨다.

"그대는 어떻게 생각하는가? 여래가 옛날에 연등불 도량에서 어떤 법이 있어 얻은 바가 있다고 생각하는가?"

"아닙니다. 세존이시여! 여래께서 연등불 도량에서 어떤 법이 있어 얻은 것이 없습니다."

"수보리야, 그대는 어떻게 생각하는가? 보살이 불국토를 장엄하는가?"

"아닙니다. 세존이시여! 불국토를 장엄한다는 것은 곧 장엄이 아니요, 단지 이름 해서 장엄이라고 하기 때문입니다."

"이러기 때문에 수보리야, 모든 보살마하살은 응당히 이와 같이 청정심을 내어야 한다. 형상에 집착해서 마음을 내지 말며, 소리 · 냄새 · 맛 · 감촉 · 법에 집착해서 마음을 내지 말라. 응당히 머무는 바 없이 그 마음을 낼지니라."

(응무소주 이생기심, 應無所住 而生其心)

10품

○

석가모니 부처님이 과거세에 제자로서 스승인 연등 부처님으로부터 부처 인가(수기, 授記)를 받았다. '수기(授記)'란 석가모니 부처님이 제자들의 근기가 뛰어남을 알고 다음 세상에 부처가 될 수 있음을 예언해 주는 것을 말한다. 문장에 따라 '수기(受記)'라 해서 한자 표기가 다를 수 있다. 그런데 지금 부처님께서 인가를 받게 된 원인은 자신이 수행을 잘했다거나 누군가에게 베풀었다는 관념이 없었고, 아만심(我相)이 없었기 때문에 받은 것이라고 말한다. 한마디로 지극한 겸손함(無住心)이 있었기 때문에 수기를 받은 것이라는 뜻이다.

'응무소주 이생기심(應無所住 而生其心)'이라는 구절에 감동을 받아 당나라 때 혜능 스님(638~713)이 출가하게 된다. 이것 때문에 《금강경》이 선종(현 우리나라 조계종)의 소의경전이 된 것이다.

133
참을 때도 '참는다'라는 의식 없이

부처님께서 말씀하셨다.

"수보리야, 인욕바라밀은 여래가 설하기를 인욕바라밀이 아니라 그 이름이 인욕바라밀이다. 여래가 옛날에 가리왕으로부터 신체가 마디마디 잘렸을 때, 나는 그때에 아상·인상·중생상·수자상이 없었느니라. 내가 그 옛날에 마디마디 신체가 잘려질 때에 만약 아상·인상·중생·수자상이 있었다면 응당히 분노하며 원망했을 것이다. 수보리야, 또한 과거 500세에 인욕선인으로 있을 그때에도 아상·인상·중생상·수자상이 없었다.

그러니 수보리야, 보살이라면 응당히 일체 관념을 여의고 최상의 깨달음을 얻고자 하는 마음을 내어야 한다. 응당히 머무는 바 없이 마음을 낼지니라."

(응생무소주심, 應生無所住心)

14품

○

부처님이 과거세 인욕선인(忍辱仙人)으로 수행할 때이다. 당시 왕이 가리왕이었는데, 궁녀들과 소풍을 나왔다. 가리왕이 잠깐 낮잠을 자는 사이에 궁녀들이 인욕선인 곁에서 법문을 들었다. 가리왕이 깨어나 보니 자신 주위에 궁녀들이 하나도 없는데, 주위를 둘러보니 한 성자를 둘러싸 법문을 듣고 있었다. 가리왕이 인욕선인에게 다가가 "누구냐?"라고 물었다. 성자가 자신은 인욕선인이라고 하자 가리왕은 "얼마나 잘 참는지 보자"라며 칼로 신체를 마디마디 잘랐다. 이때 성자는 그런 일을 당하면서도 상대에 대한 원망이나 증오심(相)이 없었다는 것이다.

부처님께서 '나의 신체', '나의 몸'이라는 상이 없었고, 상대방에 대한 원망이나 원한이 없는 무주심(無住心)으로 욕됨을 참았다는 의미이다. 바로 이런 인욕을 '무주상인욕(無住相忍辱)'이라고 한다. '500세에 인욕 선인으로 있을 그때' 역시 타인으로부터 고통받는 상황에서 인욕을 했었는데, 자신이 그 인욕할 때에 인욕한다는 관념·집착 없이 참았다는 것을 말한다.

134

세상 모든 것이 진실 아닌 것이 없다

부처님께서 말씀하셨다.

"혹 어떤 사람이 '여래가 최상의 깨달음을 얻었다'라고 말
한다. 수보리야, 어떤 법이 있어 부처가 최상의 깨달음을
얻은 것이 아니다. 수보리야, 여래가 얻은 최상의 깨달음
은 실다움도 없고 헛됨도 없느니라.

그러기 때문에 여래는 '일체법이 다 불법(一切法 皆是佛法)'
이라고 설한다. 수보리야, 일체법이란 일체법이 아니요,
단지 그 이름이 일체법이다."

17품

부처의 인생 조언

○

"일체법이 다 불법"이라는 말은 다시 말해 '세간법이 모두 불법'이라는 것이다. 수행하는 것과 세간살이의 인생을 따로 분리해서 볼 필요는 없다. 출가를 입산(入山)이라고 하지만, 진정 깨달음에서 보살로서의 삶은 입세(入世)여야 하기 때문이다. 《법화경》에도 '일체 생산업무도 모두 실상과 위배되지 않는다(一切治生産業 皆與實相不相違背)'라고 하였다. 불법이란 세간을 떠나 존재하지 않는다. '색즉시공(色卽是空) 공즉시색(空卽是色)'이다. 그래서 어느 나라든 불교가 유입되면 그 나라의 문화와 사상과 용해되어 발전되었다.

남방불교(상좌부 불교)가 부처님의 친설이자 최고의 법이고, 대승비불설(大乘非佛說, 부처님의 친설이 아님)이라고 하여 대승불교는 참 불교가 아니라고 주장하는 이들이 있다. 그러나 대승불교 경전 또한 삼매를 통해 부처님을 만나고 정각의 경지까지 이른 보살들에 의해 만들어진 경전이다. 무엇이 훌륭하고 문제된다고 왈가왈부할 가치조차 없다고 본다. 부처님의 진리가 담긴 경이든 논이든 최고 아닌 것은 없다. 서로가 표현하는 방법상에 있어 다를 뿐이지, 진리는 똑같다. 이를 인정하는 법도 다 불법이다. 서로의 다름을 인정하고, 서로가 발전할 수 있는 요인으로 삼는 것이 대승불교 사상이다.

135
그대의 마음은 어디에 있는가

부처님께서 말씀하셨다.

"수보리야, 과거의 마음도 얻을 수 없고, 현재의 마음도 얻을 수 없으며, 미래의 마음도 얻을 수 없기 때문이다."

18품

○

《법구경》#348에도 "과거에도 머물지 말고, 미래·현재에도 머물지 말라. 과거·현재·미래 어디에도 머물지 않는다면 생사(生死)의 고통을 받지 않는다"라는 게송이 있다. 마음을 그 어느 순간에 두는 즉시 시간이 흘러가기 때문에 그 정확한 시점이 없다는 말이다.

당나라 때 《금강경》의 대가라고 불린 덕산 스님(782~865)이라는 분이 있다. 덕산은 당시 북방 지역에 거주하며 항상 《금강경》을 강의하였다. 그런데 남방 지역 스님들이 문자(경전)를 부정하는 불입문자(不立文字)·견성성불(見性成佛)을 주장하고 있다는 것에 반감을 갖기 시작했다. 마침내 덕산이 남방의 스님들을 만나야겠다는 일념으로 길을 떠났다.

덕산이 용담 숭신(782~865)의 절 앞에 당도해 마침 배가 고프던 차에 떡장수 노파가 스님에게 이렇게 질문했다. "《금강경》에 지나간 마음도 얻을 수 없고, 현재 마음도 얻을 수 없고, 미래의 마음도 얻을 수 없다고 했는데, 스님께서는 어느 마음에다 점을 찍겠습니까(點心)?" 덕산은 노파의 질문에 답을 못했다. 이후 덕산은 강의를 그만두고 수행에 매진해 큰 스님이 되었다.

과연 과거·현재·미래 가운데 어디에 점을 찍을 것인가? 찍을 마음이라도 있을까? 참고로 우리가 정오에 먹는 식사인 점심(點心)이 여기에서 유래되었다.

136

모든 것은 하룻밤 꿈과 같다

"일체 모든 것은

꿈·환상·물거품·그림자·이슬·번갯불과 같으니,

이와 같이만 관할지니라."

(일체유위법 여몽환포영 여로역여전 응작여시관, 一切有爲法 如
夢幻泡影 如露亦如電 應作如是觀)

32품

○

《법구경》#170에서도 "이 세상을 물거품과 같이 여겨라. 또 이
세상을 아지랑이 같다고 생각해야 한다. 이렇게 세상을 관하
는 사람은 죽음도 그를 해치지 못한다"라고 하였다(113쪽 참
고). 죽지 않는 것이 아니라 해탈, 성불함을 말한다. 석가모니
부처님께서 열반 전 마지막으로 하신 "이 세상 모든 것은 무상
하다. 열심히 공부하라"라는 말씀도 무상이다. 이 무상 법문은
슬픈 이야기가 아니라 이 세상 모든 만물의 이치를 말한다. 또
자신도 시간이 흘러가면서 늙어가고 있는 현상이다. 곧 변화
되고(change), 끊임없이 흐르는(stream) 그 자체를 말한다.

137
최상의 깨달음이란 1

이 법은 평등해서 높고 낮음이 없다.

(시법평등 무유고하 시명아뇩다라삼먁삼보리, 是法平等 無有高

下 是名阿耨多羅三藐三菩提)

23품

○

《능엄경》에는 "근원으로 돌아가는 성품은 두 길이 없으나 방
편 따라 가는 길에는 여러 문이 있다(歸元性無二 方便有多
門)"라고 하였다. 또한 《법화경》에서는 "모든 부처님은 방편
의 힘으로 일불승(一佛乘)에서 삼승(三乘)을 설한 것이다(諸
佛 以方便力 於一佛乘 分別說三)"라고 했다. 불교로 말하면,
참선하는 자가 최상의 근기가 아니라 염불하는 자도 최상의
근기를 갖고 있다. 가는 길(방법)이 다를 뿐 해탈을 추구하는
목적은 같다. 이 세상 사람들의 삶도 그렇다. 누가 잘 사는 것
이고, 성공한 자인가? 어느 기준에 두고 성공했다고 말할 수
있는가? 높고 낮음은 없으며, 무엇을 하든 평등한 법이다.

최상의 깨달음이란 2

수보리가 말했다.

"부처님께서 말씀하신 뜻을 제가 알기로는, '가장 높고 바른 깨달음이 이것이다'라고 할 만한 정해진 법이 없다(無有定法)."

7품

○

'최상의 깨달음이 바로 이것이다'라고 정의 내릴 기준도 없으며, 어떠한 것이 최상이라는 것이 없다. 이 세상 그 무엇이든 그만의 철학과 사상이 있는데 어느 관점에서 평가할 수 있는가? 자신이 가진 철학이 최고라고 하는 것조차 어불성설이라는 뜻이다. 그래서 어느 법을 정의 내려 깨달음이라고 할 수 없다는 것이다. 그러면 무엇이 최상인가? 이 세상 존재하는 각각 최고요, 최상이다. 그러니 마음에서 일어난 이분법적 분별심을 내려놓으라는 뜻이다.

| 5장 |

삶의
매순간을
소중히 하라

유교경

"모든 것은 무상하다"

《유교경》은 어떤 경전인가?

　구마라집 역의 《유교경(遺敎經)》은 《불유교경(佛遺敎
經)》이라고도 한다. 부처님께서 열반하기 직전에 제자들
에게 마지막으로 하신 말씀을 담은 경전이다. 경전 내용은
승려들에게 계율을 잘 지키고 열심히 수행할 것을 권하는
것으로 되어 있지만, 재가자들에게도 참 삶의 길을 제시하
는 따스한 가르침이 담겨 있다. 종교를 떠나 누구나 공감할
수 있는 보편적인 진리가 있어 일반 사람들에게도 사랑받
는 경전이다.

마음을 단단히 잡아라

부처님께서 말씀하셨다.

"계율을 잘 지키기 위해서는 5근(눈·귀·코·혀·몸)을 잘 제어하고, 5욕에 빠져 함부로 행동해서는 안 된다. 마치 목동이 막대기를 쥐고 소를 단속해 소들이 남의 곡식을 함부로 하지 못하는 것처럼, 5근이 원하는 대로 또는 욕망대로 자기를 방치해 게을러서는 안 된다. 소나 말의 피해는 일생에 그치지만 5근의 피해는 여러 생(生)에 미친다. 5근으로 인한 재앙은 적지 않으니, 도둑을 지키듯이 5욕에 빠지지 않도록 5근을 다스려야 한다.

5근을 다스리지 못하면 파멸에 이르게 되는데, 5근의 주인은 바로 마음이다. 따라서 마음을 잘 다스려야 한다. 마음은 독사·맹수·원수·도둑보다 더 심각하고 무섭다. 또한 마음은 이리저리 몸을 함부로 하면서 꿀단지를 들고 가며 발 앞의 구덩이를 보지 못하는 사람과 같다. 또 미쳐서 날뛰는 코끼리와 같으며, 이 나무 저 나무로 옮겨 다니며 잠시도 머물지 못하는 산란한 원숭이와 같다.

마음이란 존재가 바로 이와 같으니, 함부로 날뛰거나 방일하지 않도록 신중하게 다스려야 한다. 결론을 말하자면, 마음 단속을 잘 하여야 한다."

○

대체로 5욕(다섯 가지 욕심)은 재물·수면·성욕·명예·식욕을 말하는데, 여기서는 문장상 눈·귀·코·혀·몸을 말한다. 즉, 눈으로는 좋은 것만 보려 하고 귀로는 좋은 소리만 들으려고 하는 등 인간의 감각기관이 좋은 것만을 탐착하려는 데서 수행을 방해한다고 해서 5욕이라고 부른다.

화 한번에 수십 년 업적도 무너진다

부처님께서 말씀하셨다.

"수행자들이여, 어떤 사람이 와서 너의 사지를 마디마디 자르더라도 화(瞋心, anger)를 내지 말라. 입을 잘 다스려서 나쁜 말을 삼가라. 화를 참지 못하고 행동하면 삶의 모든 것을 잃게 된다. 계율을 지키는 것보다 인욕이 삶에서 가장 필요한 요소이다.

참기 어려운 일을 참았을 때, 바로 이런 사람을 성자라고 한다. 만약 참기 어려운 경계가 닥쳤을 때, 감로수를 마시듯이 욕됨을 자연스럽게 받아들이고 웃어넘겨라. 또한 (그대를) 비난한 사람을 공부시켜 주는 선지식(스승)으로 받아들인다면, 이런 사람을 지혜로운 사람이라고 할 수 있다.

화를 참지 못한 경우에는 인생에 피해가 너무 크다. 즉, 자신이 이제까지 쌓은 선업을 무너뜨리고, 명예가 훼손되며, 주변에서 평판이 좋지 않게 된다. 화는 맹렬하게 타오르는 불길보다 더 무서운 것이니, 화나는 마음을 잘 다스려야 한다. 화는 자신이 쌓아온 인생 업적을 훔쳐 가는 가장 큰 도둑이다."

○

초기불교 경전인 《나운인욕경》에도 사리불 존자의 인욕정신을 말하고 있다. 욕(辱)이란 참을 수 없을 정도의 욕됨을 말한다. 《자비도량참법》에서도 "공덕을 겁탈하는 도적은 진심(瞋心, 성내는 마음)이 가장 심하다"라고 하였고, 《화엄경》에서는 "한번 성내는 마음을 일으키면 수백만 일들에 장애가 생긴다"라고 하였다. 즉, 화를 한번 내고 나면 그것으로 끝나지 않는다. 도미노(domino) 현상처럼 계속 다른 일까지 악화되는 현상이 생긴다.

141
고뇌는 탐욕에 비례한다

부처님께서 말씀하셨다.

"탐욕이 많은 사람은 그 탐욕만큼 고통과 고뇌가 많이 발생한다는 사실을 잊지 말라. 반면 탐욕이 적은 사람은 고통과 고뇌가 덜 발생하는 법이다. 그러니 탐욕을 줄이도록 하라. 욕심이 적은 만큼 주변의 사람들로부터 칭송받고, 사람들과 더불어 다툴 일이 줄어든다. 욕심내지 않으니 상대에게 아첨할 일이 없으며, 욕심내지 않으니 슬픔이나 두려움이 없고, 마음이 평온해지며, 여유가 있고, 항상 만족스럽게 생각한다."

부처의 인생 조언

142
인생에서 만족하는 그 자리가 극락

부처님께서 말씀하셨다.

"수행자들이여, 만약 고뇌에서 벗어나려면 만족할 줄 알아야 한다. 적은 소유에도 만족할 줄 아는 사람은 어디서나 넉넉하고 즐거우며 평온하다. 만족할 줄 아는 사람은 비록 맨땅 위에 누워 있어도 편안하고 즐겁지만, 늘 만족하지 못하는 사람은 천당에 있어도 불편하다고 불평만 일삼는다.

만족할 줄 모르는 사람은 가진 것이 많아도 늘 가난하다고 신세 한탄하지만, 만족할 줄 아는 사람은 비록 가진 것이 없어도 만족스러워하며 부유하다고 생각한다. 만족할 줄 모르는 사람은 늘 5욕락(재물·수면·성·명예·식욕)에 빠져 지내므로 많은 사람의 지탄을 받게 된다. 그러니 수행자는 소유지족(少有知足)을 미덕으로 삼아야 한다."

좋아하는 만큼 잃는 것도 많은 법

부처님께서 말씀하셨다.

"가능한 한 너무 번거로운 곳에 머물지 말고 조용하고 한가한 곳에 머물러라. 한가롭고 조용한 곳은 고뇌를 없애 주고, 번뇌를 줄일 수 있다.

사람들을 너무 좋아하고 여러 사람과 함께하는 것을 즐겨하는 사람은 반드시 사람 때문에 곤란한 일을 당하게 되어 있다. 큰 나무에 새가 많이 모여들면 나무가 말라죽거나 가지가 부러지는 것과 같은 이치이다.

또 자신과 상관없는 일에 얽매이거나 간섭하지 말라. 지나치게 속된 일에 빠져 있으면 늙은 코끼리가 늪에 빠져서 헤어 나오지 못하는 것과 같다."

144
낙숫물이 바위를 뚫듯

부처님께서 말씀하셨다.

"사람들이여! 인생은 꾸준히 노력하지 않으면 안 된다(성공할 수 없다). 작은 물방울이 쉬지 않고 떨어져 큰 바위를 뚫는 법이다.

수행자가 정진하지 않으면 해탈할 수 없으며, 사람들도 인생에서 노력하지 않으면 성공할 수 없는 법이다. 마치 나무를 비벼 불을 내고자 할 때, 나무가 뜨겁기 전에 그만 멈추는 것과 같다. 불을 얻고자 해도 얻지 못하는 것과 같으니, 끊임없이 정진하는 일이 중요하다."

불변의 진리

부처님께서 말씀하셨다.

"수행자들이여! 4성제에 대해 의심나는 것이 있으면, 지금 물어라."

부처님께서 세 번을 말씀하셨지만 어느 누구도 질문하지 않았다. 한 제자가 말했다.

"부처님, 달을 뜨겁게 할 수 있고 해는 차갑게 할 수 있어도, 부처님께서 말씀하신 4성제 진리는 절대 변하지 않습니다. 4성제는 고성제·집성제·멸성제·도성제입니다. 현 삶이 괴로운데(고성제), 그 원인을 살펴보니 집착 때문에 발생한 것임을 알았습니다(집성제). 그래서 삶의 괴로움을 없애기 위해 진리를 찾아 수행하면(도성제), 인생의 행복과 기쁨을 성취할 수 있습니다(멸성제). 삶의 바른 길을 해결할 수 있는 열쇠가 바로 4성제입니다.

고성제는 참된 괴로움이므로 즐거움이라고 할 수 없으며, 집성제는 고통스럽게 하는 원인, 즉 집착이므로 다른 원인

을 찾을 수 없습니다. 멸성제는 고통을 없애려면 고통의
원인이 제거되어야 고통이 사라진다는 그 원리 자체이고,
도성제는 고통을 제거하는 바른 길, 그 자체입니다.

부처님! 부처님께서 말씀하신 4성제에 대해 조금도 의심
하는 사람들은 없습니다."

○

4성제 법문은 앞에서도 언급되었다(99쪽 참고). 불교 교리 가
운데 대표적인 사상이다. 석가모니 부처님께서 성불하고 제
자들에게 최초로 하셨던 법문이 4성제와 중도(中道)이다.

146
이 세상에 변하지 않는 것은 아무것도 없다

"세상의 모든 것은 무상하다. 모였으면 반드시 흩어지게 마련이다. 슬퍼하거나 걱정하지 말라. 부지런히 정진하여 해탈의 기쁨을 맛볼지니라. 세상에 변하지 않는 것은 하나도 없다. 모든 것은 변하게 되어 있다. ... 수행자들이여! 지극한 마음을 내어 부지런히 수행해 번뇌에서 벗어나라. 이 세상의 살아 있는 존재는 모든 것은 사라져 없어지게 되어 있다. 무너지지 않는 것은 이 세상에 아무 것도 없다."

○

우리는 찰나 찰나를 살아간다. 찰나이기 때문에 무상하지만, 그 순간순간은 소중하다. 무상하기 때문에 소중한 법이고, 찰나를 살기 때문에 함께 살고 있는 주변 사람들이 소중한 것이다.

부처의 인생 조언

| 6장 |

모든 것은
되돌아옴을
기억하라

사십이장경

"인연으로 생겨나고, 인연으로 소멸한다"

《사십이장경》은 어떤 경전인가?

《사십이장경(四十二章經)》은 불교가 중국으로 유입된 이래 최초의 번역 경전으로써, 가섭마등과 축법난이 번역하였다. 총 42장의 짤막한 내용으로 구성되어 있는 이 경전은 《유교경》과 《위산록》과 더불어 '불조삼경(佛祖三經)' 중 하나이다. 경전은 불교의 다양한 내용을 담고 있으며, 우리나라에서도 애독되는 경전 중 하나이다. 중국에서는 매우 중요한 경전으로 여긴다.

147

나의 인격은 몇 점인가

부처님께서 말씀하셨다.

"어떤 사람이 그대를 찾아와서 그대를 꾸짖고, 욕하며 괴롭게 할지라도 그대는 참고 마음을 가라앉혀라. 그에게 화를 낼 필요가 없다. 그가 와서 그대를 꾸짖고 욕하는 것은 자기 스스로를 꾸짖고 욕하는 행위이다."

6장

부처님께서 말씀하셨다.

"어떤 사람이 나를 찾아와 꾸짖고 욕설을 퍼부었다. 나는 그때 묵묵히 듣고 아무 말도 하지 않았다. 이윽고 그가 꾸짖기를 멈추자 그에게 물었다. '당신이 보석을 가지고 와서 다른 이에게 주었는데, 그가 보석을 받지 않는다면 그 보석은 누구의 것입니까?' 그 사람은 '자신의 것입니다'라고 대답했다.

내가 그에게 말했다. '지금 그대가 나를 꾸짖고 욕설을 퍼

붓지만, 내가 그 꾸짖음을 받지 않으니 그대의 꾸짖고 힐난함은 바로 그대의 것입니다. 마치 메아리가 소리를 따르고 그림자가 형체를 따르는 것처럼, 결국 재앙을 면할 수 없음이요, 화근이 그대에게 돌아갈 것입니다.'"

7장

부처님께서 말씀하셨다.

"심보 고약한 사람이 착한 사람을 해치는 것은 마치 하늘을 우러러 침을 뱉는 것과 같다. 침은 하늘에 머물지 않고 오히려 자신에게 떨어진다. 또한 바람을 거슬러 티끌을 날리면 그 티끌이 저쪽으로 가지 않고 오히려 자신에게 날아온다. 괜히 남을 괴롭히면, 그 화는 반드시 자신에게 돌아가느니라."

8장

그릇된 애욕에 빠지지 말라

부처님께서 말씀하셨다.

"인간의 욕망 가운데 이성에 대한 애욕만큼 심한 것은 없
다. 이성에 대한 욕망은 그 크기가 매우 크다. 그나마 그것
이 하나뿐이니 망정이지, 만약 그것이 둘이었다면 이 세상
에 도 닦을 사람이 하나도 없을 것이다. 애욕에 빠진 사람
은 마치 횃불을 들고 바람을 거슬러 걸어가 손을 태우는 화
를 입는 것과 같다. 그릇된 애욕에 빠지지 말아야 한다."

24장

"사람은 애욕으로부터 근심이 생기고, 근심으로부터 세상
의 두려움이 생긴다. 애욕을 멀리하면 무엇을 근심하고 무
엇을 두려워 할 것인가?"

32장

149

모든 여인을 모친이나 누이로 여겨라

부처님께서 말씀하셨다.

"혹 자신의 인연이 아닌 여인을 만나면 이렇게 생각하라. 나이 많은 여인은 어머니로 여기고, 그대보다 연장자는 누님처럼 생각하며, 나이가 적은 여인은 여동생처럼 여기고, 어린아이는 딸처럼 생각하여 제도하는 마음으로 여인을 대한다면 악한 생각이 사라진다."

29장

○
종종 불편한 뉴스가 성폭력·성희롱 등이다. 여인을 딸·어머니·누이라고 본다면 어떨까?

모든 것이 조화로우려면

한 사문(승려)이 밤에 가섭불의 《유교경》을 독송하는데 그
독경하는 소리가 슬프고 마음에 애달픔이 담겨 있었다. 또
한 그 곡조의 음률이 마치 출가를 후회하고 다시 세속으로
되돌아가고 싶은 생각이 담겨 있는 듯해 보였다. 부처님께
서 그에게 물었다.

"너는 옛날 세속에 살 때, 어떤 일을 하였는가?"

"저는 거문고 타기를 좋아했습니다."

"거문고 줄을 느슨하게 늦추면 어떠한가?"

"소리가 잘 나지 않습니다."

"그렇다면 줄을 팽팽하게 조이면 어떠한가?"

"줄이 끊어집니다."

"줄을 느슨하지도 않고 팽팽하게 하지 않으며, 알맞게 조
절한다면 어떠하겠는가?"

"모든 것이 조화로워 고운 소리가 납니다."

"사문이 도를 배우는 것도 또한 이와 같다. 마음이 만약 고

르고 알맞으면 도를 얻을 수 있다. 그러나 빨리 깨닫고자 너무 조급하게 마음을 쓴다면 곧 몸만 피로할 것이요, 그 몸이 피로해지면 마음도 괴로울 것이다. 마음이 점점 괴로워지면 수행이 퇴보하게 되고, 수행이 퇴보하면 죄업만 더해 갈 것이다. 그러니 몸과 마음을 청정하게 하고 평온한 마음을 지닌다면 반드시 도를 잃지 않을 것이다."

34장

○

불교의 대표인 중도(中道) 사상이다. 이 내용은 아함부경전 등 여러 곳에 언급되어 있다.

151
사람의 목숨은 어디에 있는가

부처님께서 여러 제자들에게 이런 질문을 하셨다.

"사람의 목숨이 얼마 동안(어느 간격)에 있느냐? 누구든 대답해 보아라."

"며칠 사이에 있습니다."

"그대는 아직 도를 모른다."

또 한 제자는 '하루 사이'라고 답했고, 또 한 제자는 '밥 먹는 사이'이라고 했다. 부처님께서 이들에게 '아직 도를 모른다'라고 하셨다. 마지막 한 제자가 답했다.

"사람의 목숨은 호흡과 호흡 사이에 있습니다."

부처님께서 마지막으로 대답한 제자를 칭찬해 주었다.

38장

○

죽는 순간, 숨을 들이쉬고 나서 죽게 되면 내쉬지 못한다. 곧 호흡(들숨)과 호흡(날숨) 사이에서 삶과 죽음이 갈라진다는 뜻이다. 이 경전 내용은 삶이 순간순간 찰나요, 무상함을 강조한다.

7장

침묵이
우레와 같을 때가
있다

유마경

"침묵은 가장 위대한 깨달음이다"

《유마경》은 어떤 경전인가?

　《유마경(維摩經)》의 온전한 이름은 《유마힐소설경》이다. 《유마경》은 선(禪)과 관련된 사상이 많다고 해서 '선경(禪經, 선의 경전)'이라고 부를 정도이다. 《금강경》과 마찬가지로 구마라집의 번역본이다. 대승불교는 출가 승려만이 아니라 일반 사람도 똑같이 성불한다는 사상(평등)과, 자신과 더불어 모든 중생이 함께 구제되는 이타(利他) 사상이 강조된다. 이에 《유마경》의 주된 설법자는 거사인 유마이다. 고대로부터 근자까지 동아시아 불교국에서는 이 경을 롤모델로 수행하는 재가 신자들이 많다.

마음이 청정하면 모든 세계가 청정하다

장자의 아들(보적)이 "어떻게 하면 불국토(淨土)가 청정해질
수 있느냐"라고 질문했다. 부처님께서 다음과 같이 세 가지
로 답변하셨다.

"첫째, 정토란 어떤 곳인가? 모든 중생이 사는 곳이 그대
로 보살의 불국토이다.

둘째, 어떻게 하여야 정토에 태어날 수 있는가? 정토에 태
어나기 위해서는 불교 수행법인 6바라밀 · 4무량심(四無量
心. 즉, 자자慈 · 비悲 · 희喜 · 사捨) 등을 닦은 중생이 정토에 태
어난다.

셋째, 어떻게 하여야 정토가 건설되느냐? 정토가 건설되
려면 보살은 직심(直心, 올곧음)을 갖고 있으므로 좋은 일을
행하고(發行), 좋은 일을 행하므로 사려 깊은 마음(深心)을
얻는다. ... 지혜가 청정해지므로 그 마음이 청정해지고,
그 마음이 청정해지므로 일체 공덕이 청정해진다. ... 마음
이 청정하면, 국토(서 있는 바로 그 자리)가 청정하다(심청정

불토정, 心淸淨 佛土淨)."

○
6바라밀은 불자들이 실천해야 할 6가지 실천법으로, 보시·계율·인욕·정진·선정·지혜이다. 4무량심은 자애로운 마음(慈)·대비심(大悲心, 연민심)·고뇌에 빠진 중생에게 환희심(喜)·마음에 두려움과 불안한 사람에게 평온심(捨)을 베푸는 것이다.

전체를 요약하면, '마음이 청정하면 모든 세계가 청정하다'라는 뜻이다. 행복이란 장소를 옮겨야 행복한 것이 아니라, 자신이 어디에 있든 행복을 원한다면 서 있는 그 자리가 행복한 곳이라는 말이다. 즉, 극락정토는 그대 서 있는 그 자리가 극락이다. 불교에서는 정토를 크게 두 가지로 나눈다. 첫째, 타방정토(他方淨土)는 죽은 뒤 저 세상에 극락이 있다는 것이다. 둘째, 유심정토(唯心淨土)는 지금 현재 마음이 청정한 그 자리가 극락정토라는 것이다. 불교는 아미타 신앙을 제외하고, 경전의 90퍼센트가 두 번째 말한 유심정토설이다. 《유마경》의 이 부분도 유심정토를 말한다.

153
부처의 눈에는 부처만 보인다

사리불 존자는 '세존께서 보살행을 하실 때 마음이 청정했을 터인데, 어찌하여 이 사바세계는 청정하지 못할까?'라는 의구심을 갖는다. 이에 부처님께서 사리불의 마음을 간파하고 다음과 같이 말씀하셨다.

"너는 어떻게 생각하느냐? 해와 달이 공중에 떠 있는데 시각 장애인이 그것을 보지 못한다고 생각하느냐?"

"그렇지 않습니다. 세존이시여, 그것은 시각 장애인의 허물이지 해와 달의 허물이 아닙니다(해와 달은 그대로 있는데, 앞을 보지 못하는 사람은 해와 달을 보지 못하는 것)."

"사리불아! 중생이 죄업 때문에 여래의 국토가 청정함을 보지 못하는 것이다. 나의 허물이 아니다. 사리불아! 나의 이 국토는 청정하지만 네가 보지 못할 뿐이다."

제1 〈불국품〉

ㅇ

이 내용을 이해하기 쉬운 말로 설명하면 '돼지 눈에는 돼지만
보이고, 부처 눈에는 부처만 보인다'라는 사상으로 보면 이해
하기 쉽다. 자신이 청정하지 못하기 때문에 청정한 세계를 보
지 못하는 것이다. 자신의 그릇된 관점으로 세상을 바라보고,
세상이 잘못되었다고 외부로 책임을 전가하는 것을 말한다.

154
건강이 깨지지 않으려면

문수 사리가 물었다.

"거사님의 질병은 어떤 모습입니까?"

유마 거사가 답했다.

"나의 병은 형체도 없어 볼 수도 없습니다."

"이 병은 몸(신체)과 합한 것입니까? 아니면 마음과 합한 것입니까?"

"몸과 합한 것이 아닙니다. 몸과 서로 떨어져 있기 때문입니다. 또한 마음과 합한 것도 아닙니다. 마음은 허깨비와 같기 때문입니다."

"지(地)·수(水)·화(火)·풍(風), 4대 가운데 병은 어느 대에서 발생한 것입니까?"

"이 병은 지대(地大)가 아닙니다. 또한 지대를 여읜 것도 아닙니다. 수·화·풍대도 또한 이와 같습니다. 중생의 병이 4대로부터 일어나 병이 생긴 것이므로 병이 있습니다."

제2〈방편품〉

○

인간의 육신은 지수화풍 4대로 구성되어 있다. 병이 나는 것
은 육신을 구성하고 있는 4대가 서로 일그러져 일어난다. 그
렇다고 콕 집어서 4대 가운데 어떤 것이 병을 일으켰다고 말할
수 없다. 인간은 몸+마음으로 이뤄진 존재인데, 병은 마음이
일으킨 것도 아니라는 뜻이다. 결국 이 내용 자체가 하나의 화
두라고 봐도 될 것이다.

육신이란 믿을 것이 못되니

유마 거사가 말했다.

"이 몸은 무상(無常)하고, 허약하며, 아무런 힘도 없고, 견고하지 못하다. 뜬구름과 같아 잠깐 사이에 변했다가 사라지는 것이다. 그러니 믿을 것이 못된다. 고통스럽고, 괴로우며, 수많은 병이 집적된 존재이다. 이와 같이 지혜로운 자는 신체를 결코 의지하지 않는다."

제2 〈방편품〉

○

이 내용은 몸뚱이는 무상하고 견고하지 못한 존재이니, 정신적인 진리(法身)를 추구함이 최고라는 점을 강조하기 위함이다. 하지만 육신을 함부로 하라는 것이 절대 아니다. 불교는 엄연히 심신(心身)의 조화를 중요시한다.

156
너무 걱정하지 말라

유마 거사가 말했다.

"이전의 죄를 참회하지만, 과거로 돌아가지는 말라.

자기의 병에 견주어 타인이 병으로 고통받을 때, 환자를 연민히 여기어라.

인간 삶의 고통을 알고 있으니, 자신의 고통에 견주어 일체중생이 고통받고 있음을 염두에 두라.

올바르게 살려고 노력하며, 근심하지 말라. 마땅히 의왕이 되어 많은 이의 (마음)병을 치료해 주어라."

제2〈방편품〉

○
과거는 어차피 지나갔으니 옛날 일에 얽매어 자신을 괴롭히지 말며, 자기도 병으로 고생했던 경험에 비춰 병자를 돌보아 주라는 것이다. 마지막으로 늘 고통스런 삶을 살고 있으니 주변 사람들에게도 연민심을 가질 것을 말하고 있다.

157
현 시대의 '출가'

장자의 아들이 유마 거사에게 물었다

"부처님 말씀에 '부모가 허락하지 않으면 출가할 수 없다'
고 하는데, 어떤 것이 참다운 출가입니까?"

유마 거사가 답했다.

"꼭 삭발염의(삭발하고, 승복 입는 것)를 해야만 출가하는 것
이 아닙니다. 세상에 살면서도 참다운 진리를 구하려고 하
는 마음이 있다면, 그것이 곧 출가이고 바로 구족계(具足
戒)를 받는 것입니다."

제3 〈제자품〉

○

이렇게 출가에 대해 정의하는 것은 불교경전 가운데 《유마경》
뿐이다. 출가한 승려만이 아니라 일반 사람들도 진심으로 법
을 구한다면, 그 자체가 출가라고 보는 점이다.

158
참다운 평등이란

유마 거사가 말했다.

"보시하는 사람은 부처님께 직접 올리는 마음으로 받는 대상이 누구이든 간에 정성스럽게 보시해야 한다. 설령 걸인에게 보시할지라도 부처님에게 보시하는 것과 똑같이 해야 한다. 상대가 부처든 거지든 상대에 분별심을 내어서는 안 된다. 대비심과 평등한 마음으로 보시하되 상대에게 어떤 대가를 바라서는 안 된다. 이것이 참다운 보시이다."

제4〈보살품〉

○

석가모니 부처님이 재세 시, 가난한 여인이 거의 매일 부처님께 음식(공양)을 올렸다. 어느 날 음식을 준비해 가다가 개 한 마리가 배고픔에 길바닥에 쓰러진 모습을 발견했다. 여인은 부처님께 드리려던 음식을 개에게 먹였다. 그리고 빈손으로 부처님을 찾아가 자초지종을 말했다. 부처님께서는 "개에게 보시를 한 것은 나, 부처에게 보시를 한 것과 마찬가지이다. 그대는 매우 위대한 일을 하였다"라고 말씀하셨다.

한 개의 등불로 천하를 비추다

유마 거사가 법을 통해 느끼는 즐거움에 대해 대중에게 설하였다. 이때 회중(會衆)에 천녀들이 있었는데, 마왕(魔王) 파순이 천녀들에게 "마(魔)의 궁전으로 빨리 돌아가자"라고 재촉한다. 그러자 천녀가 유마 거사에게 묻는다.

"우리들이 비록 마의 궁전에 살지만, 어떤 마음가짐으로 살아야 합니까?"

"그대들이여! '무진등(無盡燈)'이라고 하는 법문이 있는데, 그대들이 배워 실천해야 합니다. 무진등이란 마치 한 등불이 다음 등불에 불을 붙여 주고, 이어서 백천 등에도 똑같이 불을 밝혀 주어 어두운 곳을 다 밝혀 온 천지를 밝게 해줄 수 있습니다.

이처럼 한 보살이 백천 중생을 인도하여 그들로 하여금 아뇩다라삼먁삼보리심을 발(發)하게 할 수 있지만, 원래 보리심을 처음 발한 등불은 꺼지지 않으며 그 설법에 따라 좋은 법을 더할 수 있으니, 이것을 무진등이라고 합니다. 그

대들이 비록 마왕 곁에 머물지만 많은 사람에게 보리심을
발하게 한다면 첫째는 부처님 은혜를 갚는 길이요, 둘째는
일체 중생에게 이익되게 하는 일입니다."

제4 〈보살품〉

○

내가 가진 하나의 등불로 수천 사람의 등불에 불을 밝혀 주면
서 내 등불의 빛은 조금도 줄지 않는다는 뜻이다. 경전 사상은
한 사람이 수백여 명에게 진리를 전할 수 있다는 것을 의미한
다. 일반 사람의 관점으로 보면 한 사람이 수많은 이를 사랑으
로 이끌고 보듬어 줄 수 있다는 것을 '무진등'에 비유한다.

160
마음을 다스리는 연습

문수사리가 물었다.

"거사님, 병이 있는 보살은 어떻게 그 마음을 다스려야 합니까?"

유마 거사가 답했다.

"질병이 있는 보살은 이런 생각을 해야 합니다. '나의 이 병은 과거 전세부터 수많은 번뇌와 업보 때문에 생긴 것이다. 실다운 것이 없거늘 누가 이 병을 앓고 있는가?' 왜 그러냐면, 4대가 합해진 것을 거짓으로 '이 몸'이라고 하기 때문입니다.

4대 각각은 주인이 없고, 몸도 또한 주체가 없습니다. 또한 이 병이 생긴 것은 다 '나'라는 존재에 집착함으로부터 발생한 것입니다. 그러니 '나'라는 존재에 집착해서는 안 됩니다."

제5 〈문수사리문질품〉

○

《선요(禪要)》에 "이 송장을 끌고 다니는 자가 누구인가(拖死屍的是誰)"라는 화두가 있다. 우리나라 스님들은 이 화두를 들지 않지만, 중국 스님들은 명대 이후부터 근자까지 이 화두로 수행하고 있다. 불교에서는 죽음이나 시체 등을 부정적인 측면이 아니라 수행하는 방편으로 삼는다.

161
중생이 아프니, 보살도 아프다

문수 보살이 유마 거사에게 물었다.

"병이 났다고 들었는데, 병이 조금 차도가 있습니까?"

유마 거사가 말했다.

"어리석음으로부터 애착이 생겨서 나의 병이 생긴 것입니다. 중생이 병에 들었기 때문에 나의 병이 생긴 것입니다. 만약 일체 중생의 병이 나으면, 곧 나의 병도 나을 것입니다. 왜냐하면 보살은 중생을 위해 생사(生死)에 들어가는데, 생사가 있다면 곧 병이 있는 것입니다.

만약 중생이 병을 여읜다면 곧 보살도 병이 없어질 것입니다. 비유하자면, 한 장자에게 오직 자식이 하나 있는데, 그 자식에게 병이 생기면 부모도 또한 병이 생깁니다. 만약 자식의 병이 나으면 부모도 또한 낫습니다. 보살도 이와 같아서 모든 중생 사랑하기를 자식과 같이 합니다. 중생이 병들면 보살도 병들고, 중생이 병이 나으면 보살도 또한 병이 낫습니다.

부처의 인생 조언

또 말하지만, '이 병이 생긴 원인이 무엇이냐?'라고 물었는데, 보살의 병은 대비심 때문에 생겨난 겁니다."

제5〈문수사리문질품〉

○

중생에 대한 지극한 마음을 말한다. "중생이 병드니, 나도 병이 든다"라는 구절은 종교를 떠나 널리 알려진 구절이다. 또한, 여기서 말하는 '생사'는 번뇌를 뜻한다. "중생을 위해 생사에 들어간다"라는 것은 중생 구제를 위해 중생세계로 들어간다는 뜻이다.

이타 정신(보살행) 강조 1

선미(禪味)에 탐착하는 것은 보살의 속박이요, 방편으로 살아가는 것은 보살의 해탈이다.

제5〈문수사리문질품〉

문수 보살이 유마 거사에게 물었다. "어떤 것을 연민히 여기는 것(大悲)입니까?" 유마 거사가 답했다. "자신이 쌓은 여러 공덕을 일체 중생과 더불어 함께 나누는 것입니다."

제7〈관중생품〉

○

여기서 선미는 명상을 통해 느끼는 기쁨이다. 혼자만의 행복을 추구하지 않고, 중생의 고통을 외면하지 않으며, 중생을 구제코자 그 속으로 들어가는 것을 말한다. 《화엄경》에서는 "중생 제도를 먼저 하고, 나의 성불을 뒤로 미룬다(先度衆生後成佛)"라고 하였다. 불교 신자들이 기도할 때 많이 염하는 지장보살도 '중생이 모두 제도될 때까지 지옥문 앞에서 울고 계신다'라고 하였다.

163
이타 정신(보살행) 강조 2

생사에 있으면서도 그릇된 행을 하지 않고, 열반에 머물면
서도 영원히 열반에 안주하지 않는 것이 보살행이다.

제5 〈문수사리문질품〉

해탈세계에 머물러 있을 만큼 청정행을 갖추어 열반을 나
타내면서도 중생을 구제키 위해 생사를 끊지 않는 것이다
(현어열반 이부단생사, 現於涅槃 而不斷生死).

제8 〈불도품〉

○

여기서 '생사'란 중생이 사는 세계를 말한다. 열반은 성자의 해
탈세계를 말한다. 성자는 깊은 산속이나 고요한 세계에서 홀
로의 삶을 만끽하는 것이 아니라, 중생과 더불어 살면서 중생
을 구제한다는 뜻이다. 수행이 완성되어 행복한 해탈세계에
머물 수 있지만, 좋은 세계를 택하지 않고 중생을 위해 혼탁한
세계에 머물러 있다는 보살 사상이다.

이분법 사고와 관념을 내려놓아라

그때, 유마 거사의 방에 한 천녀가 있었는데, 대인들이 진리를 서로 토론하는 것을 듣고 천녀가 하늘의 꽃을 모든 보살과 제자(비구 승려들) 들 위에 흩었다. 꽃잎은 보살들의 옷에 닿았다가도 다 떨어졌으나 제자들의 옷에 붙어 떨어지지 않았다. 모든 제자가 신력으로 꽃잎을 떼려 해도 떨어지지 않았다. 이때 천녀가 사리불에게 물었다.

"왜 꽃잎을 제거하려고 합니까?"

"이런 꽃잎이 비구의 옷에 붙는 것이 여법(如法)하지 않기 때문입니다. 그래서 없애려고 하는 겁니다."

"이 꽃잎이 '법답지 않다'라고 말하지 마십시오. 왜냐하면 이 꽃잎은 분별이 없습니다. 그대가 스스로 분별심을 내는 것뿐입니다. 만약 분별심이 없다면, 이것이 바로 여법한 것입니다. 모든 보살을 보니 꽃잎이 붙지 않았습니다. 이미 일체 분별하는 생각을 끊은 분들이기 때문입니다."

제7 〈관중생품〉

부처의 인생 조언

○

보살은 분별심이 없는데 비구 스님들은 분별이 있다고 천녀가
비판하는 내용이다. 여기서 보살은 대승불교를 상징하고, 비
구 스님들은 소승불교(부파불교)를 상징한다.

중국에는 중세 때부터 속강승(俗講僧)이 있었는데, 일반 평민
들이 알아듣기 쉽도록 꾸민 이야기 형식으로 법문하는 승려를
말한다. 여기서 단골 주제가 목련 존자의 효도이고, 그 다음이
이 천녀 이야기다.

참고로, 예전에는 소승(小乘)이라는 용어를 일반적으로 썼다.
그런데 소승이란 대승불교 입장에서 폄훼하는 것이다. 근자
에는 '초기불교(상좌부불교)'라고 호칭한다.

깨달음은 내 안에 있다

사리불이 천녀에게 물었다.

"탐·진·치 3독에서 벗어나는 것을 해탈이라고 합니까?"

"부처님께서 증상만을 내는 사람들을 교화하기 위해 탐·
진·치 3독에서 벗어나는 것을 해탈이라고 말씀하셨습니
다. 만약 증상만을 내는 사람이 없다면 부처님께서는 3독
의 본성이 곧 해탈이라고 했을 것입니다."

제7 〈관중생품〉

유마가 문수 보살에게 물었다.

"어떤 것이 '여래의 종자(種子)'입니까?"

문수 보살이 답변했다.

"일체 모든 번뇌가 모두 부처되는 종자이다. 왜냐하면 출
세간법(出世間法)으로는 아뇩다라삼먁삼보리심을 내지 못
한다. 연꽃은 맑은 고원의 물에서보다는 오히려 진흙 밭에
서 꽃을 피운다. ... 번뇌의 바다에 들어가지 않으면 지혜의

보물을 얻을 수 없다. 불도는 굳이 깊은 산골에 들어가 수행하는 것이 아니라 일상생활을 전개하면서 불법을 버리지 않는 곳에 있다."

제8〈불도품〉

"일체번뇌가 모두 여래의 종자이다. 저 바다에 들어가지 않으면 귀중한 진주를 취할 수 없는 것과 같이, 번뇌의 바다에 들어가지 않으면 일체 지혜를 얻을 수 없다."

제8〈불도품〉

○
깨달음은 멀리 있는 것이 아니라 번뇌가 가득한 중생 속에 있다는 것을 말한다.

침묵의 향기

유마 거사가 여러 보살에게 말했다.

"어떻게 해서 둘 아닌 법문(不二法門)에 들어가는 것입니까? 각각 생각나는 대로 말해 보십시오."

법자재 보살을 비롯한 31명의 보살이 차례차례로 생(生)·멸(滅), 청정·더러움, 선(善)·불선(不善), 옳음·그름, 세간·출세간, 유위(有爲)·무위(無爲), 생사·열반 등 각각 대립되는 개념들을 나열하며 불이(不二)에 대한 소견을 피력했다.

마지막으로 문수 보살이 말했다.

"저의 생각으로는 일체법에 있어 언어도 없고, 설할 것도 없으며, 드러내 보일 것도 없고, 인식할 것도 없어 일체 모든 문답을 여의는 것, 이것이 불이법문에 들어가는 것입니다."

다시 문수 보살이 말했다.

"우리들은 제각기 말했습니다. 거사님은 어떤 것이 불이법문이라고 생각하십니까?"

유마는 묵연히 한마디도 하지 않았다.

"훌륭하십니다. 참으로 훌륭하십니다. 글자도 없고 언어까지도 없는 것이 참으로 불이법문에 들어가는 것이기 때문입니다."

제9 〈입불이법문품〉

○

불이란 첫째, 통일성(unity)이라든지 동일성(identity), 또는 궁극적 진리(ultimate truth)라는 뜻이다. 둘째, 연기적 관계에 놓여 있다는 뜻이기도 하다. 셋째, 불일불이(不一不異)적인 관계라고 봐도 된다. 대립개념이 아니라 상의상관(相依相關), 즉 상호보완적인 관계이다. 이에 편견과 차별심을 내려놓은 평등이다. 이 내용을 '우레와 같은 침묵'이라고 표현하며, 유마의 침묵이 불립문자(不立文字)의 세계를 상징하는 것으로, 널리 회자되고 있는 내용이다.

8장

인생의
해답은
내 안에 있다

법화경

"사람이 곧 부처이다"

《법화경》은 어떤 경전인가?

　《법화경(法華經)》의 온전한 이름은 《묘법연화경(妙法蓮
華經)》이다. 이 경은 《금강경》과 마찬가지로 구마라집의
번역본이다. 대승불교 경전의 대표적인 경전으로 '경전 중
의 경'이라고 한다. 《유마경》은 소승불교에 비판적이지만,
《법화경》은 대승적인 차원에서 소승(성문·연각)을 포용
하는 측면이다. 이 경전이 불교를 '수행의 종교 → 신앙적
인 종교'로 탈바꿈하는 역할을 하였다고 본다. 일불승 사상
을 중심 테마로 하면서 비유설이 많고, 수기가 발전되어 있
으며, 관음신앙이 발달되도록 하였고, 대승의 보살행을 강
조하고 있다.

"불난 집에서 나오거라"

부처님께서 사리불에게 말씀하셨다.

"중생이 최상의 진리를 구하도록 비유를 설해 말하리라. 어느 장자가 살았는데, 그 장자는 매우 큰 저택에 많은 재산을 소유했으며 여러 하인들을 거느린 부호였다. 그 집은 매우 크고 넓으며 식구들은 몇백 명인데, 대문은 오직 하나뿐이었다. 게다가 집은 오래된 고택으로 낡았고, 기둥은 썩고 대들보가 기울어져 있었다.

어느 날 이 고택에 화재가 발생해 순식간에 집 전체에 번져가기 시작했다. 장자는 밖으로 겨우 피신했으나 아이들은 여전히 집안에서 놀고 있었다. 장자가 애들에게 '나오라'라고 소리쳐 불러도 아이들은 노는 데 정신이 팔려 불타는 집에서 나오지 않았다. 장자는 소리쳤다.

"얘들아, 지금 그 집은 불타고 있다. 위험하니 빨리 집 밖으로 나와라."

아버지가 이렇게 타일러도 아이들이 밖으로 나오지 않자

아버지가 이렇게 소리쳤다.

"얘들아, 대문 밖에 너희들이 좋아하는 양이 끄는 수레(羊車), 사슴이 끄는 수레(鹿車), 소가 끄는 수레(牛車) 장난감이 있다. 이것들을 모두 줄 테니, 어서 나오거라."

아이들은 그 소리를 듣고 겨우 밖으로 뛰쳐나왔다. 장자는 아이들에게 주겠다는 양거·녹거·우거가 아닌 그보다 훨씬 좋은 백우거(大車)를 주었다.

이 어린 아이들은 모두 나의 아들들이다. 저택은 3계(三界, 중생이 살고 있는 세계)에 비유한 것인데, 세상 사람들이 탐·진·치 3독의 불타는 집에 거주하면서 항상 생로병사 우환이 있고, 그런 불길은 끊임없이 타오른다. 장자는 부처님이요, 아이들은 어리석은 중생에 비유해 설한 것이다.

부처님은 탐욕의 불속에서 빠져나오지 않는 중생을 구제코자 방편으로 삼거(三車)를 설한 것이다. 여기서 대백우거는 일불승(一佛乘)을 말하는 것이다."

제3〈비유품〉

○

《법화경》에서는 중생이 진리를 이해하기 쉽도록 비유해 설하는데, 7가지 비유가 있다. 그 첫 번째가 삼계화택(三界火宅) 비유이다. 이 삼계화택 비유는 일반적으로 널리 알려진 이야기다. 양거·녹거·우거는 각각 성문승·연각승·보살승을 상징한다. 부처님은 제자들의 근기에 맞춰 가르친 뒤에 마지막으로 일불승을 가르친다는 뜻이다. 일불승이란 어떤 중생이든 다 같이 똑같이 부처가 될 수 있음(성불)을 뜻한다.

168
모든 중생은 부처가 될 수 있다

수보리 · 가전연 · 가섭 · 목련은 "근기(성문)가 부족한 사람도 언젠가는 성불할 수 있다"라는 부처님 말씀을 듣고 기뻐하였다. 제자들은 부처님께 다음 이야기를 하였다.

"저희들도 성불할 수 있다는 가르침을 듣고 보니 매우 다행스런 일입니다. 마치 한량없는 보배를 얻은 기분입니다. 저절로 얻은 보배와 같은 것으로써 저희들이 이러한 내용을 비유로 말해보겠습니다.

한 장자가 자식을 잃어버린 지 50년이 되었습니다. 장자는 자신이 죽으면 재산을 물려줄 아들이 없어 걱정하던 무렵, 어느 날 아들(거지)이 자기 집 앞을 지나는 것을 목격했습니다. 장자는 하인을 시켜 그를 잡아오라고 했습니다. 하인이 밖으로 뛰쳐나가 그를 붙잡으니, 바닥을 뒹굴며 놀라 했습니다. 장자는 그를 놓아주라고 한 뒤에 이런 꾀를 내었습니다.

하인 하나를 거지 모습으로 변장시켜 아들을 만나 잘 타일러서 그를 집에 데려오도록 하였습니다. 하인과 함께 아들이 집에 들어오자, 장자는 아들에게 거름치는 허름한 일을 시켰습니다. 그러다 시간이 흘러 장자와 아들은 차츰 차츰 친해졌고, 장자는 거지 아들에게 점차 중대한 일을 맡겼습니다.

세월이 흐르고, 장자는 자신이 죽을 때가 되었음을 알고 친척·국왕·식구를 모아놓고 그간의 사정을 말한 뒤 자신의 모든 재산을 (거지)아들에게 물려줄 것이라고 하였습니다. 아들은 비로소 장자가 자신의 친아버지이며, 거대한 재산이 바로 자신의 것임을 알고 크게 기뻐했습니다.

부처님! 여기서 장자는 바로 여래이고, 거지 아들은 저희들을 비롯한 모든 중생이며, 모든 재산이란 부처가 될 수 있는 수기(授記)를 말합니다. 또한 부처님께서는 항상 중생들을 '나의 아들'이라고 부르고 계십니다."

제4〈신해품〉

○

7가지 비유 가운데 궁자(窮子) 비유이다. 원래 중생은 부처가 될 수 있는 뛰어난 존재인데 중생 스스로가 자신을 낮춰 생각 하고 모자란 사람이라고 생각하는 것을 비유한 것이다. 수많은 재산(부처가 될 수 있는 근기)이 자신의 것인데도 자신을 '천한 거지'라고 생각하고 살아가는 중생에게 일침하는 비유이다.

불교 신자를 '불자(佛子)'라고 하는 것은 이 경에서 유래했다고 본다. 물론 부처님은 비구들을 부를 때 '나의 아들'이라고 하셨 고, 비구니를 부를 때는 '나의 딸'이라는 표현을 쓰셨다.

환상의 성에서 휴식을 취하라

부처님께서 말씀하셨다.

"여래는 방편으로 모든 중생의 마음을 살펴보니, 중생은 공부는 하지 않고 5욕락에 탐닉해 있다. 그래서 그들을 경각시키기 위해 열반을 설했는데, 어리석은 중생은 나의 말을 거짓으로 받아들인다. 이에 비유로 설할 테니, 잘 들어라.

5백 유순쯤 되는 지점에 진귀한 보물이 있다. 그곳을 가려면 매우 험난한 길을 통과해야 하지만, 많은 사람이 보물을 구하고자 길을 떠났다. 마침 이들 가운데 길을 잘 아는 이가 있었다. 그런데 점점 험하고 끝도 없는 길이 펼쳐지자, 사람들은 너무 힘들고 지쳐 돌아가고 싶어 했다. 이때 길잡이는 '조금만 더 가면 보물이 있는데 어찌하여 중간에 포기하려는 걸까?'라고 생각하고, 3백 유순쯤 되는 곳에 환상의 성(化城)을 지어 사람들에게 '잠깐 쉬어 가자'라고 하였다.

사람들이 성에 들어가 편안히 쉬고 어느 정도 휴식을 다 취했을 무렵 길잡이는 환상의 성을 없애고 사람들에게 말했다. '여러분, 다시 길을 떠납시다. 보물 있는 곳이 얼마 남지 않았습니다. 방금 전의 도성은 우리의 목적지가 아닙니다. 내가 신통력으로 지쳐 있는 여러분들이 잠시 쉬어 가도록 화성을 만든 것입니다.'

앞에서 말한 길잡이는 바로 여래를 말한다. 여래는 생사(生死)에서 번뇌의 길이 참으로 멀고 험난하며, 갈 수 있는 길과 꼭 건너야 하는 길임을 잘 알고 있다. 그런데 중생이 일불승을 들으면, 부처님을 친근히 하지 않고 성불하는 길이 멀고 힘들다고 중간에 포기하는 이들이 많다. 부처님께서 중생의 마음이 나약하고 하열함을 알고, 중도에 잠깐 쉬도록 한 뒤에 다시 힘을 내어 '최상의 높은 경지'로 나아가도록 한 것이다. 중생이 몸과 마음을 쉰 뒤에 다시 또 이렇게 말한다.

'여기가 너희들의 최종 목적지가 아니다. 그대들이 이전에 머물렀던 곳은 잠깐 쉬도록 하기 위한 경지이다. 즉 여래가 방편으로 일불승에서 분별해 삼승을 설한 것이니라.'"

제7 〈화성유품〉

○

《법화경》에서 네 번째인 화성 비유이다.

옷 속에 달린 보석

여러 제자들이 부처님께 수기를 받고 기뻐하면서 자리에서
일어나 예를 올리고, 스스로를 책망하며 말했다.

"세존이시여, 저희들은 최고 열반의 경지를 얻었다고 생
각하고 있었습니다. 저희들도 부처님처럼 될 수 있건만 지
금까지 작은 지혜(小乘的, 견지)에 만족하고 있었습니다. 아
마도 이것은 다음 비유와 같다고 생각합니다.

어떤 사람이 친구를 찾아갔다가 술에 취해 깊은 잠에 들었
습니다. 주인 친구는 아침 일찍 먼 길을 가게 되어 술에 취
해 자고 있는 친구 옷에 보배 구슬을 매어 주고 떠났습니
다. 그 사람은 잠에서 깨어난 뒤, 자신 옷에 보배 구슬이
있는 줄도 모르고 다른 나라에 가서 거지 생활을 하며 유랑
하였습니다.

몇 년이 흐른 뒤 거지는 구슬을 넣어 준 친구를 우연히 만
나게 되었습니다. 친구는 자신의 벗이 거지가 되어 돌아다
니는 것을 보고 안타까워하며, '네 옷 속에 꿰매 준 구슬을

팔아서 생활하면 거지 생활은 하지 않을 텐데, 왜 이렇게 거지꼴로 사는가. 옷을 한번 살펴보라'라고 하였습니다. 친구의 말을 듣고 거지가 자신의 옷 속을 살펴보니 값비싼 보석이 옷옷 주머니에 묶여 있는 것을 알게 되었다는 이야기가 있습니다.

부처님도 그와 같아서 저희들에게 일찍이 큰 지혜(大乘的, 견지)를 구하는 마음을 내게 하였으나, 곧 잊어버리고 알지 못한 채 아라한과에 만족하고 있었습니다. 부처님! 이제는 저희들이 일체 지혜를 얻는 서원이 남아 있으니, 앞으로는 절대 잃지 않겠습니다."

제8 〈오백제자수기품〉

○

이 이야기는 《법화경》에서 일곱 가지 비유 가운데 다섯 번째 비유인 '계주(繫珠)'이다. 모든 중생은 우리 스스로 부처가 될 수 있는 불성(佛性)을 구족하고 있고 최고의 인격을 갖춘 존재가 될 수 있는데, 스스로를 낮추고 어리석게 살고 있는 모습을 비유한 것이다. 《법화경》을 보면 보물·보석 등이 많이 등장하는데, 이는 일불승(모든 깨달을 수 있는 근기를 갖추고 있어 부처가 되는 것)을 상징한다.

부처의 인생 조언

171
옆 사람을 어여삐 여기는 방법

부처님께서 말씀하셨다.

"여래가 입멸한 후에(현 시대) 수많은 사람이 최상의 진리가 담긴 《법화경》을 중생에게 전해야 한다. 그때, 다음과 같은 세 가지 마음가짐이 있어야 한다.

첫째, 《법화경》을 공부하는 사람은 모든 중생을 대할 때 자비로운 마음을 갖고 있어야 한다. 곧 중생을 어여삐 여기는 마음을 잊지 않아야 한다(대자비심, 大慈悲心).

둘째, 《법화경》을 공부하는 사람은 부드럽고 고요하며 평온한 마음을 유지해 중생을 살피어야 한다. 그런 와중에 혹 자신을 욕되게 하는 자가 있을지라도, 인욕으로 잘 견디어 내며 중생을 제도하려는 마음을 잊지 말아야 한다(유화인욕심, 柔和忍辱心).

셋째, 《법화경》을 공부하는 사람은 공(空) 사상을 터득하고 그 공 사상에 입각한 마음자리에 머물러 편안한 마음으로 중생을 보살피고, 최고 진리가 담긴 《법화경》을 설해야 한다(일체법공, 一切法空)."

제10 〈법사품〉

○

세 가지 마음가짐이란 진리를 반드시 익혀야 하고, 자비심과
인욕으로 중생을 제도하라는 뜻이다. 무엇보다도 인욕이 등
장하는데, 석가모니 부처님 가르침에도 인욕 강조가 많다. 불
교라는 진리를 떠나 세상을 사는 데 이 세 가지를 모토로 하여
도 힘들지 않은 삶이 될 것이다.

부처의 인생 조언

172
진정한 용서란

부처님께서 제자들에게 말씀하셨다.

"나는 과거 전세에 한 나라의 왕이었던 적이 있었다. 그때 나는 대승불교의 기본 수행인 6바라밀을 실천하였고, 진리를 구하는 데 게으르지 않았다. 어느 날 나는 아들에게 왕권을 물려주고, 이런 서원을 세웠다. '누가 나에게 최고의 가르침을 설해 준다면 그를 위해 종신토록 시중을 들리라'라고. 마침 한 선인(仙人)이 있어 나는 그의 제자로 출가해 평생토록 그를 섬기며 법을 구하였다.

그때 국왕으로서 출가했던 사람은 바로 지금의 '나'고, 나의 스승이었던 선인은 '제바달다'이다. 나는 전세의 스승인 제바달다의 가르침으로 인해 현세에 깨달음을 얻어 부처가 되었다. 그러므로 지금 현세에 제바달다가 나를 배반하고 해친 악인이라고 할지라도, 전세에 나를 이끌어 준 스승으로서 미래세에 꼭 부처가 될 것을 수기(授記)한다."

제12〈제바달다품〉

○

제바달다는 부처님의 제자인데, 스승을 배반하고 교단을 이탈했다. 불교에서 그는 악인의 대명사로 알려져 있다. 불교사적인 관점을 벗어나 대승불교 경전 가운데 하나인《법화경》에서는 악인(제바달다)을 용서하는 측면으로 묘사되어 있다.

부처의 인생 조언

173
여인도 성불하는가

지적 보살이 문수 보살에게 물었다.

"《법화경》은 매우 깊고 미묘해 여러 경전 가운데 보배이며 세상에 존재하기 어려운 경전으로서, 중생이 이 경전을 의지해 독송하고 수행하면, 부처가 될 수 있는 겁니까?"

문수 보살이 말했다.

"저 바닷가 사갈라 용왕에게 딸이 있는데, 나이가 8세입니다. 지혜롭고 총명하며, 중생들의 마음도 잘 살필 줄 알고, 부지런히 수행하며, 부처님의 말씀을 늘 의지하였습니다. 명상을 잘해서 모든 법을 통찰해 지혜를 얻었으며, 한 찰나에 보리심을 내어 해탈 열반을 얻었습니다. 또한 변재(辯才, 언설)가 뛰어나며, 중생을 어여삐 여길 줄 압니다."

지적 보살이 말했다.

"제가 생각하건대 석가모니 부처님께서는 보리도를 구하실 때, 한량없는 무수겁 동안 어려운 고행을 하시어 공덕 쌓기를 잠시도 쉬지 않았습니다. 그렇게 힘들게 수행해야 깨달음을 얻는데, 어찌 8세 용녀가 잠깐 동안에 깨달음을 성취했다는 것입니까?"

... 그때 용녀가 한 보배 구슬을 부처님께 공양 올리니, 부처님이 받으셨다. 용녀가 지적 보살과 사리불에게 말했다.

"제가 세존께 보배 구슬을 공양 올렸는데, 이 일은 짧은 시간이었습니다. 그런데, 내가 성불하는 것은 저 일보다 더 빠릅니다."

그때 용녀가 잠깐 사이에 남자로 변하여 보살의 행을 갖추고, 곧 남방의 세계에서 부처가 되어 보배 연꽃 위에 앉아 있는 것을 보았다.

제12 〈제바달다품〉

부처의 인생 조언

○

이 내용은 여인이면서 축생이 성불한다는 것으로, 여인도 평등한 존재임을 시사한다. 인도는 전반적으로 여인을 낮춰 보는 성향이 있다. 불교도 인도 문화와 사상을 배경으로 하였음을 염두에 두면 된다. 부처님 당시 여인은 출가할 수도 없었으나 오롯이 불교만이 여인의 출가를 받아들였고, 석가모니 부처님께서도 비구와 비구니를 동등하게 여겼다. 그런데 부처님께서 열반하고 불교사에 400년 정도는 여인의 성불을 부정적으로 보았다. 그러다 대승불교가 들어서면서 여인 성불이 경전에 반영되었다. 여기서 축생은 성불할 수 없다. 단, 축생에 대한 존중의식이라고 보면 된다.

용녀가 성불, 즉 한 순간에 깨달음을 이루었다는 부분을 활용한 선사가 있다. 중국의 하택 신회(670~762)는 돈오견성(頓悟見性)을 주장했는데, "대승경전에서 오직 돈문(頓門)만을 말하고 있으며, 일념상응(一念相應)이 있을 뿐 단계적인 점문(漸門, 차츰 닦아가는 것)을 의지해서는 안 된다"라고 강조하였다. 즉, 돈오견성설의 실천 논리로 용녀의 찰라 성불을 응용한 것이다. 이 점은 우리나라 조계종 사상에서도 매우 중요한 내용이다.

그대를 존경합니다

상불경(常不輕) 보살은 경전을 읽지도 외우지도 아니하며, 지위고하를 막론하고 누구에게나 예(禮)를 올리는 일로 수행의 근본을 삼았다. 비구·비구니·여자·남자, 남녀노소 그 어느 누구를 만날지라도 이렇게 말했다.

"당신을 존경합니다. 당신은 부처가 되실 분이기 때문입니다(成佛)."

사람들은 이런 그를 보고 이렇게 말하며 경멸했다.

"이 어리석은 무지한 비구야! 감히 너 따위가 우리에게 성불한다고 수기를 주느냐? 우리는 그런 허망한 수기를 받지 않는다."

그런데도 상불경 보살은 이런 박해에도 굴하지 않고 늘 이렇게 말했다.

"혹 그대가 저를 악한 마음으로 꾸짖고 때릴지라도 저는 당신을 존경하고, 공경합니다. 그대는 참선하고 명상하면, 참된 부처님, 위대한 성자가 될 수 있는 불성(佛性, 부처가 될 수 있는 근원적인 본성)을 갖고 있기 때문입니다."

제20 〈상불경보살품〉

○

이것이 바로 상불경 보살의 서원이다. 지금 우리들 모든 중생
이 숭배 받을 대상이요, 부처가 될 수 있는 가능성을 갖고 있다
는 뜻이다. 즉, 상불경 보살은 모든 중생이 본래청정한 불성이
내재되어 있음을 자각시키고자 했던 내용이다. 한편 이 사상
은 석가모니 부처님이 처음 성불하고 불법을 펼치면서 주장했
던 내용(인권·생명 존중)의 연장선상에 있다고 볼 수 있다.

175
부처가 되는 길, 일불승

이 진리를 듣는 자 가운데 한 사람도 성불하지 않는 사람이
없다.

(약유문법자 무일불성불, 若有聞法者 無一不成佛)

제1〈서품〉

부처님의 가르침을 들으면 한 사람도 성불하지 않는 자가
없다.

(일체개성불, 一切皆成佛)

제2〈방편품〉

일체 중생이 모두 불도를 이뤄 성취한다.

(일체개당 성득불도, 一切皆當 成得佛道)

제3〈비유품〉

너희들이 행한 것은 바로 보살도이다. 점차 수행하고 닦으

면 반드시 모두 성불하게 될 것이다.

(여등소행 시보살도 점점수학 실당성불, 汝等所行 是菩薩道 漸漸
修學 悉當成佛)

제5〈약초유품〉

○

삼승방편 일승진실(三乘方便 一乘眞實)이다. 수행하는 길이
여러 갈래이지만, 목표인 부처가 되는 것이 바로 일불승이라
는 뜻이다. 누구나 성불할 수 있는 근기를 갖고 있기 때문이
다. 여기 일승은 '유일한', '수승한'의 의미가 아니라 통일적인
화쟁의 의미가 담겨 있다.

"내가 이미
네 마음을
편안케 했노라"

어록

"날마다 좋은 날!"

'어록'은 무엇인가?

어록(語錄)이란 동아시아 스님들의 수행 경험이나 교육 방법, 법문을 기록한 것을 말한다. 어록은 대체로 스승 입적 후 제자들이 만든다. 9세기 당나라 때, 선종이 발달하면서 불교사의 큰 주류를 형성할 때 어록이 중요한 역할을 했으며, 선사상 발달에도 영향을 미쳤다. 이 어록이 등장하면서 동아시아 불교는 경전보다는 어록을 중시하는 경향으로 흘렀다. 이후 이 '어록'이란 단어는 일반적으로 광범위하게 쓰이고 있다.

마음을 여기에 꺼내 보아라

2조 혜가가 달마 스님을 찾아와 말했다.

"스님, 저의 마음이 너무 편안치 못합니다. 스승님께서 편안케 해 주십시오."

"그대의 마음을 가지고 오너라. 그러면 너의 마음을 안심시켜 주리라."

"마음을 찾으려고 해도 찾을 수 없습니다."

"내가 이미 네 마음을 편안케 해 마쳤느니라."

_보리 달마, 《경덕전등록》, 〈달마장〉

○

보리 달마는 인도의 승려로, 520년 중국에 도래했다.

177

"묶은 사람도 없는데 무엇을 벗어나려는가"

3조 승찬에게 14세의 한 제자(4조 도신)가 찾아와 물었다.

"스님의 자비로 해탈법문을 하나 주십시오."

"누가 그대를 해탈하지 못하도록 묶어 두었는가?"

"아무도 그런 사람이 없습니다."

"묶은 사람도 없는데, 무엇을 벗어나려고 한단 말이냐?"

_보리 달마, 《경덕전등록》, 〈승찬장〉

고통에 좌절하지 말고

수행자가 만약 고통스러운 일을 당했다면, 이렇게 생각해야 하느니라. '내가 과거 무시 이래로 수만 겁 동안 수행하지 않고 나쁜 행동만 하였구나. 남을 원망하고 증오하거나, 괴롭게 한 일이 많았기 때문이다. 지금은 바르게 살지라도 이 괴로운 삶은 과거에 지은 악업으로 인한 과보이다' 이렇게 마음으로 기꺼이 받아들여 참고 살아야 한다. 경전에 이르기를 "고통을 만나도 근심하지 말라. 그 고통의 원인을 알고 있기 때문이다"라고 하였다. 이렇게 생각하면서 주변 사람들에 원망하는 마음을 내려놓아라. 이것을 보원행(報寃行)이라고 한다.

_보리 달마, 《경덕전등록》, 〈달마장〉

○

보원행이란 현재 살면서 힘든 일이 생길 때 남을 원망하지 말고, 지난 과거세 자신이 지은 업보 때문에 현재 고통을 받고 있는 것이니 수용해 인내하면서 열심히 수행에 힘쓰라는 것이다. 이 내용은 《금강경》에도 똑같이 나타나 있다.

부처의 인생 조언

179

좋든 나쁘든 다 인연으로 생겨난다

살면서 고통스런 일이 생길 때도 있고, 즐거운 일이 생길 때도 있다. 고통과 즐거움을 받는 것은 모두 인연에 따를 것이다. 만약 좋은 일이나 명예 등의 일을 얻으면 이는 과거세의 지은 선업으로 인해 현세에 받는 것이다. 그러나 아무리 좋은 명리(名利)도 인연이 다하면 없어지게 되어 있다. 그러니 어찌 기뻐할 것이 있겠는가. 좋고 나쁜 것도 다 인연에 따르는 것이니, 좋은 일이라고 자만하지 말고, 나쁜 일이라고 너무 상처받지 말라. 이를 수연행(隨緣行)이라고 한다.

_보리 달마, 《경덕전등록》, 〈달마장〉

○
내리막길이 있으면, 오르막길도 있는 법이다. 이때마다 너무 그 일에 연연하거나 힘들어하지 말고, 인연으로 벌어진 것이라고 받아들이라는 것이다. 나쁜 일도 인연이 다하면 좋은 일이 찾아온다. 반대로 좋은 일도 오래가지 않는 법이다. 이를 관(觀)해서 삶을 지혜롭게 살아가라고 말한다.

늘 감사하라

진지하게 삶을 바라보고 감사할 줄 아는 사람은,

순간순간이 행복하고, 매일 매일이 새로운 날이다.

세월은 흘러가도 그는 결코 시간의 흐름에 얽매이지 않는다.

그대는 살면서 고통스러운 일이 생기든

영광스런 일이 생기든,

칭찬을 받든 비난을 받든 어떤 것에도 동요하지 말라.

시간이 흐르면 영광과 수치, 고통과 즐거움도 세월이라는

강물에 흘러가게 되어 있다.

_선월 관휴,《선월록》

○

선월 관휴(832~912)는 당대의 승려이다.

부처의 인생 조언

181
일체유심조 1

너그럽고 좋을 때는 천하를 다 주어도 아깝지 않으나

한번 옹졸해지고 싫어지면

마음에 바늘 구멍 하나 들어갈 틈도 없다.

_보리 달마, 《경덕전등록》, 〈달마장〉

일체유심조 2

세상은 고해이다.

인생에 고뇌와 고통이 끝이 없어 사바세계라고 한다.

하지만 '머리를 돌리는 그 자리가

피안(回頭是岸)'이라는 점을 명심하라.

_선사상

○

이 내용은 원래 《주자어류(朱子語類)》에 처음 등장한 말인데, 불교 스님들이 법문하면서 가장 많이 활용하는 단어이다. 불교에서 마음을 돌이키는 그 자리가 바로 극락이라는 것이다. 이 사상은 일체유심조(一切有心造)라는 단어와 연결해 보면 이해하기 쉽다.

183
행복은 멀리 있지 않다

"원각도량이 어디인가? 현재 생사가 일어나는 바로 그곳이다."

(원각도량하처 현금생사즉시, 圓覺道場何處 現今生死卽是)

_해인사 팔만대장경이 모셔져 있는 장경각의 주련

○

'원각도량'이란 깨달음 · 해탈의 경지를 의미한다. 즉, 해탈은 현재 살고 있는 질척질척한 현 삶에서 구현한다는 것이다. 인생에서 행복은 멀리 있는 것이 아니라 현재의 삶에서 자신이 어떤 가치관을 갖고 살아가느냐, 삶을 만족스럽게 바라보느냐에 달려 있다는 뜻이다.

184
내려놓아라! 쉬어라!

한 승려가 조주 종심 선사에게 물었다.

"제가 어떻게 하면 깨달을 수 있을까요?"

"힘을 쓰지 말라."

"힘쓰지 않는다면 어떻게 깨달음을 얻습니까?"

"힘을 쓰는 것, 그 자체가 곧 어긋난 일이지."

_조주 종심,《조주록》

○

조주 종심(778~897)은 당대의 승려이다. "힘을 쓰지 말라"라는 말은 수행할 때도 지나치게 자신을 몰아붙이지 말고, 자연스럽게 하라는 뜻이다. 사람 살아가는 것도 그러하다. 번아웃이 될 정도로 지나치게 자신을 몰아붙이며 살지 말 것을 말한다. 조금 모자라면 모자란 대로 자신을 받아들이고, 자신의 페이스에 맞혀 자연스럽게 하라는 뜻이다. 또한 사람과의 관계에서도 상대에게 너무 잘하려는 강박관념을 버리고 인연을 맺어야 한다. 너무 용쓰지 말자! 너무 애쓰지 말자!

부처의 인생 조언

185
삶의 무게

어느 한 수행자(엄양 존자)가 조주 선사를 찾아와 물었다.

"(모든 것을 버리고) 한 물건도 가져오지 않을 때는 어찌해야 합니까?"

"내려놓아라(방하착, 放下着)."

"이미 한 물건도 가지고 오지 않았는데, 무얼 내려놓으라는 말입니까?"

"그렇다면 다시 짊어지고 가거라."

_조주 종심, 《조주록》

○
이 내용은 '방하착'이라는 화두로 유명한 구절이다. 우리가 어깨에 짊어지고 있는 것들! 조금 내려놓고 살면 어떨까?

186
마음을 장벽과 같이 하라

한 제자가 스승에게 물었다.

"스님, 어떻게 공부해야 도를 얻을 수 있습니까?"

"밖으로 모든 인연을 쉬고,

안으로 헐떡거리는 마음이 없으며,

마음이 장벽과 같아야만 도에 들어가느니라."

_규봉 종밀,《선원제전집도서》

○

규봉 종밀(780~841)은 당대의 승려이다.《숫타니파타》게송 #388에서도 "조용한 곳에서 홀로 명상하라. 자신의 내면을 잘 관찰하고, 쓸데 없는 생각으로 마음이 밖으로 나가지 못하게 하라"라고 하였다. 불교는 명상의 종교이다 보니 이런 내용이 많다. 요즘 집중력 강화 약으로 알려져 많은 이가 먹는 약이 있었는데, 그것이 ADHD 치료제로 판명되었다고 한다. 그러면서 심각한 부작용 문제가 거론되었다. 하루에 5분 명상을 하거나, 불자라면 경전 독송을 하고, 불교 신자가 아니더라도 낭독을 해 보라. 집중력을 얻을 수 있을 것이다.

부처의 인생 조언

187
일등 · 중등 · 하등

조주 종심은 우리나라 수행법인 간화선(看話禪)에서 매우 중요한 선사이다. 조주가 머물러 있는 곳에 그 지역 성덕군(成德郡) 절도사 조왕(趙王)이 선사를 찾아왔다. 마침 조주는 선상(禪床, 스님들이 수행할 때 앉아 있는 의자 형태로 방바닥보다 높은 곳에 위치함) 위에 앉아 쉬고 있던 터였다. 조왕과 대화를 나누다, 선사가 말했다.

"소승이 어려서부터 일을 많이 해 노쇠해서 선상에서 내려오기 힘듭니다."

선사와 조왕이 대화를 마친 뒤, 왕은 조주에게 정중히 예를 올리고 떠났다. 며칠 후 조왕은 신하를 보내서 조주 선사에게 선물을 보냈다. 신하가 조주에게 예를 올리자 조주는 선상에 앉아 있다가 내려와 정중하게 그를 맞이했다. 이 점을 괴이하게 여긴 제자가 선사에게 물었다.

"스님, 며칠 전 왕이 왔을 때는 선상에서 내려오지도 않더니 오늘 신하가 오니까 선상에서 내려와 영접하시네요."

"일등 가는 사람이 오면 선상에서 앉아 맞이하고, 중등 가는 사람이 오면 선상에서 내려와 맞이해야 한다. 하등 가는 사람이 오면 대문 밖까지 나가 맞이해야 한다."

_조주 종심, 《조주록》

부처의 인생 조언

188
내 삶에서 가장 빛나는 날

내 인생에서 가장 행복한 날은 언제인가?

바로 오늘이다.

내 삶의 가장 절정의 날은 언제인가?

바로 오늘이다.

내 생애에서 가장 소중한 날은 언제인가.

바로 오늘, 지금 이 순간이다.

어제는 지나간 오늘이요, 내일은 다가오는 오늘이다.

그러므로 '오늘' 하루하루를

삶의 전부로 느끼면서 살아야 한다.

_원오 극근, 《벽암록》

○

원오 극근(1063~1135)은 송대의 승려이다.

부록 | "내가 이미 네 마음을 편안케 했노라" · 어록   285

지금, 바로, 여기

일기일회(一期一會).

인생에서 딱 한 번밖에 없는 기회.

_센노리큐,《다탕일회집(茶湯一會集)》

○

센노리큐(1522~1591)는 일본의 다인(茶人)이다. 언제 어느
때나 주어진 시간과 공간은 인생에 한 번밖에 없으니 소중하
다는 뜻이다. 일본 다도에서 발전했던 말로써, 법정 스님께서
책 제목으로 써서 유명해진 말이다. 일본 다도의 시발점은 송
대 원오 극근 스님이다.

190
매일 매일이 최고의 날

일일시호일(日日是好日).
날마다 날마다 좋은 날 되소서!

_운문 문언,《운문록》

○
　운문 문언(864~949)은 송대의 승려이다. '날마다 좋은 날 되소
서!'는 매일매일이 최상·최고의 날이며, 매일매일이 둘도 없
는 가장 소중한 하루라는 점을 염두에 두라는 뜻이다. 순간순
간이 인생 최대의 행복이다. 날마다 좋은 날(日)이 되어야 달
마다 좋은 달(月)이 될 것이요, 달마다 좋은 달이 되어야 해마
다 좋은 해(年)가 될 것이다.

191

현재를 즐겨라

바로 지금! 여기일 뿐,

지금보다 더 좋은 시절은 없다.

(즉시현금 갱무시절, 卽時現今 更無時節)

_임제 의현,《임제록》

○

임제 의현(?~866)은 당대의 승려이다. 멀리 있는 것이 아니라
바로 지금 여기 이 시점인 현재가 최상의 행복 지점이라는 뜻
이다. 자신이 현재 가진 것에 만족하고, 현재 서 있는 위치에서
최선을 다하며, 함께하는 사람과 웃으며 살아가는 것, 이것만
큼 행복한 일이 어디 있겠는가?

부처의 인생 조언

192
가는 곳마다, 서는 곳마다

가는 곳마다 주인이 되고

서는 곳마다 참되어라.

(수처작주 입처개진, 隨處作主 立處皆眞)

_임제 의현,《임제록》

○

자신의 존재 가치를 결정하면서 현실 그대로에도 적용하고,

그 자리에서 느끼는 진실된 자각이 자유라는 것이다. 마조 스

님의 '입처즉진(立處卽眞)'과 '수처임진(隨處任眞)'도 임제의

이 말과 유사한 사상이다(291~292쪽 참고).

193
자신의 주체성을 잃어버리지 않는 것

길을 가면서도 집을 떠나지 않는다.

(재도중 불리가사, 在途中 不離家舍)

_임제 의현,《임제록》

○

'길을 간다'라는 말은 경제 활동을 하고, 가족을 거느리며, 취미 생활을 즐기는 모든 생활 전반을 말한다. '집을 떠나지 않는다'라고 할 때, 집이란 본성·자성·불성에 충실해 있다. 어떤 것을 추구하든 어디에 머물러 있든 자신의 주체성을 잃어버리지 않고 살아야 한다. 어디에 살아도 처처가 도량이요, 지옥에 있어도 지옥이라고 불평과 불만을 하지 않을 만큼이라면, 그 자리가 행복 지점이다.

194
어디서든 진실을 잃지 말라

당나라 때, 황삼랑이라는 이의 아들 둘이 마조 스님의 제자로 출가했다. 출가한 지 얼마 되지 않아 황삼랑은 아들들을 만나러 갔다. 아버지는 아들 스님들께 절을 올리고 이렇게 말했다.

"옛 사람이 말하기를 나를 낳은 사람은 부모요, 나를 완성시켜 주는 사람은 도반이라고 했습니다. 비록 스님들이 자식이지만 출가자가 되었으니, 나의 도반이나 다름없습니다. 부디 스님들께서 이 늙은이를 잘 이끌어 주십시오."

출가 전에는 하늘처럼 모셨던 아버지가 자신들에게 겸손하게 예를 갖추고 선지식이 되어 달라고 부탁하자, 아들 스님들은 아버지를 스승인 마조 스님에게 인도하였다. 거사는 마조의 가르침으로 공부한 뒤 선사에게 이런 말을 하였다.

"제가 스님을 뵙지 못했더라면 일생을 어영부영 살다 갈 뻔했습니다. 이렇게 늘그막에라도 스님을 뵙고 공부할 수 있게 되니, 마치 칼로 허공을 베어 버린 기분입니다."

마조가 말했다.

"정녕 그러하다면, 어디에서든 항상 진실 그대로입니다(수
처임진, 隨處任眞). 참됨을 여의고 서 있는 그 자리가 있는
것이 아니며, 서 있는 그 자리가 곧 참됨입니다(입처즉진,
立處卽眞). 모두가 자가(自家)의 본체입니다."

_마조,《마조록》

○

마조(709~788)는 당대의 승려이다. 진실과 관계없는 우리의
존재 방식이 따로 있는 것이 아니라, 현 모습 그대로 우리의 존
재 방식이 바로 진실한 곳(입처즉진)이라는 뜻이다. 마조는
때에 따라서 어디에서든 늘 진실 그대로(수처임진)라고 하였
고, 또 현실 있는 그대로가 참됨(즉사이진)이라고 설하였다.

부처의 인생 조언

195
그대가 부처이거늘

당나라 때 한 제자가 마조를 찾아왔다. 대주 혜해인데, 그가 처음으로 마조를 찾아와 인사를 올리자 마조가 물었다.

"자네는 여기에 무슨 일로 왔는가?"

"불법(佛法)을 구하기 위해 스님을 찾아왔습니다."

"어찌하여 너의 보물 창고를 집에 놔두고 쓸데없이 돌아다니기만 하는가? 나에게는 아무것도 없다. 불법 따위는 찾아서 무얼 하겠느냐?"

혜해가 절을 올리고 다시 물었다.

"제 보물 창고라니, 무슨 말씀이십니까?"

"오히려 지금 '진리를 구하고자 찾아왔다'라고 말한 자네가 바로 그 보물 창고이네. 모든 것을 다 갖추고 있어서 조금도 부족한 것이 없다. 또한, 쓰려고 하면 마음먹은 대로 쓸 수도 있다."

_마조,《경덕전등록》

○

여기서 스승 마조가 말한 것은 "각자 자신이 원래 갖추고 있는데, 달리 바깥에서 부처를 구할 필요가 있는가?"라는 의미이다. 보물 창고란 바로 인간에게 내재된 불성을 말한다. 참된 본성이라고 할 수 있는데, 깨달음이란 멀리 있는 것이 아니라 자신이 다 갖고 있다는 말이다. 앞의《법화경》의 비유에 보면 재산이나 보물과 관련된 내용이 많은데, 똑같은 사상이다 (252~256쪽 참고). 선(禪)에서는 바로 이런 점을 일깨워서 제자를 지도한다. 우리나라 불교의 대표 종파인 조계종은 이 선을 중심으로 발달한 종파이다.

196
도는 사람에게서 멀지 않다

하루 종일 봄을 찾아 다녀도 봄을 찾을 수가 없구나.

짚신이 다 닳도록 온 산을 찾아 헤매었네.

지쳐서 돌아와 우연히 뒤뜰을 거닐다 보니

매화꽃이 거기 피어 있더라.

_라대경, 《학림옥로》

○

라대경(1195~1252)은 송대의 사람으로, 《학림옥로》를 편집하
였다. 이 시의 제목은 〈도는 멀리 있지 않다(도불원인, 道不遠
人)〉이다. 원문은 "진일심춘불견춘 망혜답편농두운 귀래소념
매화후 춘재지두이십분(盡日尋春不見春 芒鞋踏遍隴頭雲 歸
來笑撚梅花嗅 春在枝頭二十分)"이다. 어느 비구니 스님의 깨
달음의 시를 노래한 오도송(고승들이 부처의 도를 깨닫고 지
은 시가)이다.

197
철이 든다

추위가 한차례 뼈에 사무치지 않는다면

어찌 코를 찌르는 매화 향기를

얻을 수 있으리오.

_황벽 희운, 《전심법요》

○

황벽 희운(?~856)은 당대 승려이다. 매화는 꽃 가운데서 제일
먼저 꽃을 피운다. 추위(고난과 역경)를 견디고, 봄철이 온 줄
알고 제일 먼저 꽃 피운다. 사람에게 '철들었다'고 하는 말이
바로 이 매화에 비유한 말이다.

부처의 인생 조언

198

역경에 지조가 드러난다

눈이 내린 뒤에야

비로소 소나무와 잣나무의 지조를 알 수 있고,

일이 어려워야

사람의 마음을 알 수 있다.

_허당 지우, 《허당록》

○

허당 지우(1185~1269)는 북송 시대 승려이다.

느끼는 대로 다 표현하지 말라

어두운 방이나 으슥한 곳에 홀로 있을 때는
귀한 손님을 맞이한 것처럼, 몸가짐과 마음을 조심하라.
사람들과 관계에서 그대의 감정을 표현하되,
결코 그대의 본마음을 그대로 드러내어 표현하지 말라.

_선월 관휴,《선월록》

부처의 인생 조언

200
보이는 것만으로 평가하지 말라

어떤 사람이 겉으로 보았을 때
어리석은 사람처럼 보일지라도,
절대 그를 바보 취급하지 말라.
그는 자신의 뛰어난 면모를
은밀히 감추고 있을지도 모른다.

_선월 관휴, 《선월록》

201
타산지석

남의 좋은 행실을 보면
그대도 '나도 그와 같이 행하리라'라고 다짐하라.
남의 잘못된 행실을 보면,
'나는 그와 같이 하지 않아야겠다'라고 마음에 새기어라.

_선월 관휴,《선월록》

부처의 인생 조언

202
나의 허물부터 살핀다

100가지 허물을 봤을 때

100가지 허물을 덮어 주면

100가지 선업이 쌓인다.

남의 허물을 말하지 마라.

남의 허물을 보면 곧 자기 허물은 그보다 크다.

_육조 혜능,《육조단경》

○

육조 혜능(638~713)은 당대의 승려이다.

203
모든 일은 자신에게서 시작한다

자신은 반성하고 꾸짖되,

남의 그릇됨을 비난하거나 책망하지 말라.

상대방의 옳고 그름을 따진다면 분노만 일어날 뿐이다.

인간의 애증 속에서 생기는 옳고 그름은 부질없는 일이다.

_선월 관휴, 《선월록》

부처의 인생 조언

204

아름다운 미소와 예쁜 말

성 안 내는 그 얼굴이 참다운 공양구요,

말없는 그 한마디 미묘한 향이로다.

깨끗해 티가 없는 진실한 그 마음이

언제나 한결같은 부처님 마음이다.

(면상무진공양구 구리무진토묘향 심리무진시진보 무염무구시

진상, 面上無瞋供養具 口裏無瞋吐妙香 心裏無瞋是珍寶 無染無垢

是眞常)

_《송고승전》, 〈문수동자게〉

○
    이 게송은 불교계에서 가장 많이 활용하는 내용이다.

경험과 지혜

한 가지 일을 체험하지 않고는

한 가지 지혜를 체득할 수 없다.

(불인일사 부장일지, 不因一事 不長一智)

_유백,《속전등록》

○
　유백(?~?)은 북송대의 사람으로 알려져 있다.

어찌 나 혼자만 인생을 즐기랴

100척 장대 끝에서

한걸음 더 나아가라.

(백척간두진일보, 百尺竿頭進一步)

_장사 경잠,《경덕전등록》

○

장사 경잠(?~868)은 당대의 승려이다. 이 내용은 중생 제도를
말한다.《유마경》에서 자비 사상을 언급했던 내용과 같은 의
미로, 엄밀히 말하면 앞에서는 중생 제도를 우선으로 한다는
것이지만, 여기 선어록 부분에서는 수행해 마쳤으면 중생에게
되돌아가 제도하라는 말이다. 다시 말해, 100자 장대 끝에 앉
은 이가 깨닫기는 했으나 그것은 참 깨달음이 아니니, 1보 더
나아가라는 뜻이다. 일반적으로 많은 이가 과감하게 나아가
는 진취성으로 쓰고 있으나 실제로는 그런 뜻이 아니라는 의
미이다. 깨달았다면 1보 전진해, 중생 구제를 위해 나아가라.

207
그늘을 드리워라

천하 사람들을 위해 (그들의) 그늘이 되리라.

_임제 의현, 《임제록》

○

한여름 햇볕이 쨍쨍 내리쬘 때, 큰 나무의 그늘은 많은 이에게
시원함을 준다. 이처럼 덕을 베푸는 일을 하겠다는 의지이다.

부처의 인생 조언

208
진짜 독은 입 안에 있다

만약 누구든지 거짓말을 하면 그의 입안에 독사가 있고,
칼도 입속에서 자리 잡고, 불꽃도 입속에서 타오른다.
입속에 있는 독이 곧 진짜 독이요,
독사에게 있는 독은 진짜 독이 아니다.
입속의 독은 중생들을 칼로 베어 버리나니,
목숨을 마치고 나면 지옥에 떨어진다.
만약 누구든지 거짓말을 하면 입안에서는 고름이 나오고,
그의 혀는 곧 지옥이며, 혀도 활활 타오르는 불과 같다.

_《법원주림》

○
《아함부》의 "감로(sweet)와 독약(poison)은 모두 사람의 혀
안에 있다"라고 한 내용(150쪽 참고)과 같은 내용이라고 봐도
좋다. 수년 전에, 부부가 크게 싸운 뒤 그 입김을 모아 독극물
실험을 했더니 놀랍게도 코브라 독보다 강한 맹독성 물질이
나왔다는 연구가 있었다. 반대로 즐겁게 웃는 사람의 뇌에는
독성을 중화시키고 암세포를 파괴시키는 좋은 호르몬이 다량
으로 분비되었다고 한다.

3세 아이도 알지만,
80세 노인도 실천은 어려운 것

백거이(白居易)가 항주 자사로 있을 때, 그 지방의 고승인 조과 도림을 방문하였다. 이 스님은 새가 나무 위에 집을 짓고 사는 것처럼 나무 위에서 좌선을 한다고 하여 조과(鳥窠)라고 하였다. 백낙천이 말했다.

"큰 스님, 제가 평생에 좌우명 삼을 만한 법문을 듣고자 왔습니다."

"모든 악한 행동을 짓지 말고, 많은 선한 일만을 받들어 행하며, 스스로 자기 마음을 깨끗이 하라. 이것이 모든 부처님의 가르침이다(제악막작 중선봉행 자정기의 시제불교, 諸惡莫作 衆善奉行 自淨其意 是諸佛敎)."

"그거야 삼척동자도 아는 일 아닙니까?"

"삼척동자도 알기는 쉬워도 팔십 먹은 노인도 행하기는 어려운 것일세."

_《경덕전등록》, 〈백거이장〉

부처의 인생 조언

210
하늘은 스스로 돕는 자를 돕는다

공덕(불교에서 좋은 행동을 해서 얻은 결과)이란

하늘에서 떨어지는 눈 · 비와 같은 것이 아니다.

반드시 행동(因)의 대가로 열매(果) 맺는 것이다.

그대가 노력하는 만큼

결코 이 세상은 그대를 저버리지 않을 것이다.

_선월 관휴, 《선월록》

211
진실은 언젠가 드러나는 법

어떤 일이 지금 당장 옳게 보이지만,

세월이 흐르면 잘못된 것으로 보일 수도 있다.

또 지금은 그릇된 것으로 보이지만,

세월이 흐르면 바르게 보일 수도 있다.

그러니, 지금 사람들이 (그대를)

인정해 주지 않아도 섭섭하지 말라.

세월이 흐르면 그대의 진심이

반드시 드러나게 되어 있다.

_선월 관휴, 《선월록》

212
일상을 살아가는 네 가지 지침

오조 법연 선사는 송나라 때 큰스님이었다. 스님께서 다른 사찰로 옮겨가게 되자 제자들이 스님을 찾아와 말했다.

"스님께서 이번에 사찰을 떠나시면 언제 또 뵈올지요? 저희들이 일상에서 살아갈 만한 지침을 내려 주십시오."

"네 가지만 지키면 된다. 첫째, 복을 지나치게 추구하지 말라. 지나치면 재앙으로 변한다(복불가수진, 福不可受盡). 둘째, 세력을 다 부리지 말라. 지나치면 후회할 일이 생긴다(세불가사진, 勢不可使盡). 셋째, 좋은 말도 다하지 말라. 말이 과하면 허물이 된다(호어불가설진, 好語不可說盡). 넷째, 규율을 다 지키지 말라. 지나치면 집착하게 된다(규구불가행진, 規矩不可行盡). 승려이든 재가자이든 이 네 가지만 지킨다면 절대 허물이 생기지 않을 것이다."

_오조 법연, 《법연록》

○
오조 법연(1024~1104)은 송대의 승려이다.

213
"나의 햇볕을 가리지 마시오"

중국 남악산에 사는 나잔(懶殘)이라는 선사가 있었다. 나잔은 '누더기를 걸치고 수행하는 노인'이라는 뜻이다. 나잔은 대통 신수 선사의 3세에 해당하는 제자이다. 당나라 현종이 나잔의 덕을 칭송해 관직에 기용할 생각으로 칙사를 보내어 장안으로 모셔오라고 하였다. 칙사는 나잔이 머물고 있는 산골을 겨우 찾아가 황제의 말을 말했다. 그런데 나잔은 칙사 앞에서 아무 말도 하지 않고 감자를 굽더니, 평소에 씻지도 않아 침과 콧물이 목덜미 근처까지 드리운 채로 감자를 맛있게 먹었다. 마침 한겨울인데다 너무 초라한 행색의 노승이 감자를 먹고 있는 모습이 안타까워 칙사가 물었다.

"스님, 무엇이든 필요한 것은 없습니까?"

나잔이 고개를 들어 말했다.

"그래, 내가 부탁을 하나 하지요. 자네가 아까부터 내 앞을 가로막고 서 있어 햇볕이 들지 않으니 자리 좀 비켜 주시오"

부처의 인생 조언

나잔 선사의 낙도가(樂道歌) 말미에 이런 구절이 있다.

"밖으로 공명을 구하는 일은 얼빠진 놈이 하는 짓이다."

_《경덕전등록》, 〈나잔장〉

○

'낙도가'란 선(禪)과 시(詩)를 결합한 선시를 말한다. 당나라
때부터 선사상이 크게 발전하면서 수행자들이 수행하면서 느
끼는 수행의 기쁨이나 감회를 시로 쓰는 계기가 되었고, 중국
문학의 계보를 이루게 되었다.

늘 발밑을 주시하라

오조 법연이 세 제자와 함께 출타했다가 밤늦게 길을 걷게 되었다. 그런데 갑자기 바람이 불어와 초롱불이 꺼져 앞을 전혀 볼 수 없었다. 법연은 제자들에게 물었다.

"이럴 때는 어떻게 해야 하느냐? 각자 생각나는 대로 말해 보아라."

스승의 질문에 당황한 두 제자는 어물거리며 답변을 했고, 마지막으로 극근이 대답했다.

"조고각하(照顧脚下), 발밑을 살펴보아야 합니다."

《오가정종찬》

○
스님들이 신발을 벗는 곳이나 사찰 곳곳마다 이 글귀가 있다. 조고각하는 바로 그 자리에 서 있는 '그 본체(자신·자아)는 누구인가?'로 순간을 염두에 두라는 뜻이다. 불도는 저 멀리 밖에 있는 것이 아니라 자기 발밑에 있다. 조금 넓혀 보면, 우리가 살고 있는 현재를 살피며 자신을 놓치지 않고 사는 것이다.

215

인간은 평등하게 모두 부처가 된다

육조 혜능이 출가하려고 스승인 홍인 스님을 찾아와 인사
를 올렸다.

"너는 어디에서 왔느냐, 무엇을 구하고자 하느냐?"

"저는 영남(현 광동성)의 신주라는 땅의 백성이온데, 멀리
서 스승을 뵙고자 왔습니다. 오직 부처가 되기를 바랄 뿐
이지, 다른 것을 구하려는 뜻이 없습니다."

"네가 살던 영남은 예전부터 오랑캐 땅으로, 너는 오랑캐에
불과하거늘 어찌 하천한 신분으로 부처가 될 수 있겠는가?"

"사람에게는 비록 남과 북이 있을지언정 불성에 어찌 남북
이 있겠습니까? 스승님과 오랑캐가 다르지 않은데, 어찌
불성에 차별이 있겠습니까?"

_육조 혜능, 《육조단경》

모든 일은 마음이 움직이는 것이다

육조 혜능이 스승에게 깨달음의 인가를 받고, 15년간 은 둔 생활을 하였다. 이후 산에서 내려와 광동성 광주 법성사(현 광효사)에 들어가니, 인종 법사가 열반경을 강의하고 있었다. 마침 도량에서 학인들이 대화를 나누는데, 바람이 불어와 깃발이 움직였다.

한 학인이 뜰에 있다가 바람에 펄럭이는 깃발을 보고 말했다. "바람이 움직이는 것이다." 옆에 있던 학인이 말했다. "깃발이 움직이는 것이다." 두 학인의 논쟁이 끝나지 않자 혜능이 말했다. "바람도 아니고, 깃발도 아니다. 오직 그대들의 마음이 움직이는 것이다."

_육조 혜능, 《육조단경》

○
불교를 유심(唯心)의 종교라고 하는 이유이기도 하다. 물리적인 밖의 움직임 때문이 아니라 마음의 움직임이 먼저라는 뜻이다. 곧, 일체유심조(一切唯心造) 사상이다.

부처의 인생 조언

217
유심정토

범부들은 어리석어서 자성을 모르기 때문에

제 몸속의 정토를 알지 못하고,

동방이니 서방이니 하면서 찾고 있다.

하지만 깨달은 사람은 어디에 있더라도 마찬가지이다.

부처님께서 이렇게 말씀하신다.

"머무는 곳마다 항상 안락하다."

_육조 혜능, 《육조단경》

○

이 사상은 《유마경》에서도 언급한 '유심정토(唯心淨土)' 사상
이다(219쪽 참고).

218
그대, 진정한 친구가 있는가

좋은 친구란 어려울 때 베풀어 주는 친구,

즐거우나 괴로우나 늘 변하지 않는 친구,

좋은 말을 해 주는 친구,

고난에 처했을 때 동정해 주는 친구이다.

_경허, 《경허록》

○
경허(1849~1912)는 구한말의 승려이다.

219
걱정이 마음을 병들게 한다

사람은 이 세상에서 백 년도 살지 못하면서
언제나 천 년 뒤의 일을 걱정하고 있다.

(인생불만백 상회천세우, 人生不滿百 常懷千歲憂)

《한산시집》

○

한산(?~?, 寒山)은 당대의 승려로, 전설적인 인물이지만 실존
했던 인물이다. 한산이 지은 시는 314수가 전한다. 그의 시는
세상과 불교계를 풍자하며, 인생과 깨달음에 달관적이다.

220
이미 너의 죽음을 알렸느니라

한 노인이 죽어 염라대왕을 만나 삿대질을 하며 항의했다.

"대왕님! 저승에 데려올 거면 조금 일찍이 알려 주셔야지요. 귀띔도 없이 이렇게 나를 여기로 데려오면 어떡합니까?"

"내가 종종 알려 주었노라. 너의 눈이 조금씩 침침했던 것이 첫 소식이었고, 귀가 점점 어두워진 것이 두 번째 소식이었네. 또 이가 하나씩 빠진 것이 세 번째 소식이었고, 너의 몸이 날로 쇠약해지는 것을 계기로 몇 번이나 소식을 알려주었노라."

이 노인은 한마디도 못했다. 그런데 옆에 있던 젊은이가 염라대왕에게 따졌다.

"대왕님! 저는 눈귀가 밝고, 이도 튼튼하며, 육신이 건강했습니다. 그런데 어찌하여 대왕께서는 저에게 소식을 미리 전해 주지 않았습니까?"

"그대에게도 소식을 전해 주었는데, 그대가 미처 깨닫지 못했을 뿐이로다. 동쪽 마을에 40세 된 사람이 죽지 않았

부처의 인생 조언

는가. 서쪽 마을에 20~30세 된 사람이 죽지 않았는가. 또한 10세 미만 아이와 2~3세 젖먹이가 죽는 것을 보지 않았는가. 어찌 소식을 전하지 않았다고 불평만 하는가?"

_운서 주굉, 《죽창수필》

○
이 세상에 올 때는 순서대로 오지만, 갈 때는 누가 먼저 갈지 모르는 법이다. 이런 내용을 통해 삶을 관조하고, 현 삶이 얼마나 소중한지를 생각해 보자.

221
구름 같은 삶

삶이란 한 조각의 구름이 일어남이오,

죽음이란 한 조각의 구름이 흩어짐이로다.

구름은 본래 실체가 없는 것,

태어나고 죽고 오고 감이 모두 이와 같도다.

(생야일편부운기 사야일편부운멸 부운자체본무실 생사거래역

여시, 生也一片浮雲起 死也一片浮雲滅 浮雲自體本無實 生死去來

亦如是)

_서산 휴정

ㅇ
　　서산 휴정(1520~1604)은 조선의 승려이다.

　　　　　　　　　　　　　　부처의 인생 조언

222

무(無)

어제 핀 꽃, 오늘은 빈 가지뿐
인생도 이와 같은 법.
삶 역시 하루살이 같건만
세월을 어찌 허송할 건가. …
부처도 내 마음속에 있거늘
어찌 밖으로만 내달리는가?

_사명 유정, 《사명대사집》

○

사명 유정(1544~1610)은 조선의 승려로, 널리 '사명대사'로 알
려진 분이다. 사명은 임진왜란 때의 의승군으로 잘 알려져 있
지만, 승려로서 학문적으로나 수행 면에서도 매우 뛰어난 승
려였다.

223
순리대로 사는 기쁨

승려 센가이는 그림과 서예에 매우 출중했다. 주변에서 센가이의 글씨와 그림을 갖고 싶어 직접 찾아오는 이들이 많았다. 어느 날 한 장자가 센가이를 찾아와 집안 대대로 남을 가훈 하나를 부탁했다. 이에 스님은 이렇게 글씨를 써 주었다.

"아버지 죽고, 그 다음 자식이 죽은 뒤, 손자가 죽다(父死, 子死, 孫死)."

장자는 글씨를 보고 화를 내면서 스님에게 핀잔했다.

"후손들에게 삶에 지침이 될 만한 교훈을 써 달라고 했던 건데, 온통 죽는 얘기뿐이네요."

센가이가 말했다.

"이보다 더 좋은 구절이 어디 있습니까? 가령 아들이 그대보다 앞서서 죽는다면 이보다 슬픈 일이 어디 있을 것이며, 그대의 손자 또한 그대보다 앞서서 죽는다면 이보다 슬픈 일이 어디 있겠소! 그대 가족이 내 써 준 대로 순서대

부처의 인생 조언

로만 죽는다면, 집안이 매우 잘 된 겁니다."

_센가이

○

센가이(1750~1837)는 임제종 묘심사(妙心寺)의 승려이다.

모든 것은 마음이 만든다

마음이 있으면 가지가지 만물이 생겨나고

마음이 없으면 가지가지 모든 만물조차 사라진다.

(심생즉종종법생 심멸즉종종법멸, 心生卽種種法生 心滅卽種種

法滅).

_원효, 〈원효대사 오도송〉

○

원효(617~686)는 신라의 승려이다. 이 내용은 원효의 오도송
이라기보다는, 사실 《대승기신론》에 있는 게송이다. 수많은
선사와 불교학자가 자주 언급하는 내용이다. 원효는 우리나
라 역사상 최다의 저술을 남긴 분으로, 무엇보다 훌륭한 점은
우리나라 귀족불교를 민중불교로 전환한 인물이다.

225

눈길을 함부로 걷지 말라

눈 덮인 들판을 걸어갈 때 갈팡질팡 함부로 걷지 말라.

오늘 내가 가는 이 발자취가 뒷사람의 이정표가 될 것이니.

_서산 휴정

하루 5분으로 내면을 다스리고 마음의 평화를 부르는

부처의 인생 조언

© 정운 2025

인쇄일 2025년 4월 30일
발행일 2025년 5월 7일

지은이 정운
펴낸이 유경민 노종한
책임편집 김세민
기획편집 유노책주 김세민 이지윤 **유노북스** 이현정 조혜진 권혜지 정현석 **유노라이프** 구혜진
기획마케팅 1팀 우현권 이상운 **2팀** 이선영 최예은 전예원 김민선
디자인 남다희 홍진기 허정수
기획관리 차은영
펴낸곳 유노콘텐츠그룹 주식회사
법인등록번호 110111-8138128
주소 서울시 마포구 월드컵로20길 5, 4층
전화 02-323-7763 **팩스** 02-323-7764 **이메일** info@uknowbooks.com

ISBN 979-11-7183-104-3 (03220)